# 初任者指導担当の実務マニュアル

## ミナミ先生の仕事術

南　惠介 著

明治図書

## うまくいかなくて当たり前

　この本を手に取られた方の多くは，初任者指導担当の先生でしょう。

　あれこれ教えなければとわくわくしている人もいれば，何を教えたらいいんだろうと不安に思っている方もいるかもしれません。

　最初に言っておきたいのは，うまくいかなくて当たり前だと考えましょう。

　学級経営がそうであるように，「人を相手にする」という仕事は，そもそも自分の思うように進むわけはありませんし，進んでもいけません。

　何よりも，初任者は「あなた」ではありません。

　これから先，どんどん「教師」という仕事の形が変わっていく中，あなたのような先生になることが，幸せな教師生活を送ることにつながるとは限りません。

　何より初任者といっても，その人は，少なくとも二十数年生きてきた中で，いろいろなことを経験したり，考えたりしてきた一人の自立した人間です。

　「その人」にとって，今必要なこと，そして将来的に必要なことは多くの場合それぞれ異なるでしょう。

　そもそも「なりたい先生像」なんて，異なって当たり前です。

　（将来的に変わることがあるとしても）「そのときになりたい」先生像は多くの場合，あなたが望んでいる先生像とは異なっているはずです。

　そのどちらの「先生像」も間違いではありません。あなたが望んでいる理想像は正しく，そして初任の先生の理想像も，きっと正しいのです。

　だから，まずは，その先生の理想像を共有しながら進めていくことからスタートすることが大切です。

　ただ，「現実」は多くの場合，初任者の最初の理想像を描くことができる

ほど現場は甘くありません。

　学校の「現実」に深く関わりながら，何年も過ごしてきた初任者指導の先生から見ると，「そうではない」「そうするとうまくいかない」ということもあるでしょう。

　その一方で，これまで培ってきた先生の経験や知識が，これから先の未来を生きる先生のためになるのか，そして通用するかはわかりません。

　ある程度の見通しをもちながらも，初任者指導担当と初任者が二人で一緒に「模索すること」が，ただ1つの正解なのだと思います。

　ある程度必要な指導ができ，ある程度学級がスムーズに運営できる。

　1年限りで考えると，そのようにいくかどうかは，その初任者に「与えられた環境」と初任の先生の「パーソナリティ」に依るところが大きいでしょう。

　指導を受け入れやすい先生，指導を受け入れづらい先生。

　それだけでも，ずいぶん結果が異なります。

　ただ，数年先を考えると，何でもかんでも受け入れすぎる先生が，必ずしも後々「力のある先生」になるとは限りませんし，その一方で指導が入りづらい先生の中でも自立心と研究意欲が旺盛で「力のある先生」になることも，決して少なくありません。

　「うまくいった初任者指導」が本当にうまくいった初任者指導だったのか，「うまくいかなかった初任者指導」が本当にうまくいかなかった初任者指導なのかは，何年か年数を重ね，初任者が初任者でなくなり，いくつかの学校を経験してからでないとわかりません。

　つまり，長い目で見たときに「確実にうまくいった初任者指導」なんていうものは，無いのかもしれません。

　そう考えてみると，そもそも「そんなにうまくいかなくても大丈夫」「うまくいかなくて当たり前」だと考えた方が少し気を楽にして進められるでしょう。

　初任者をとりまく状況は様々です。

だからこそ，初任者の全てに責任をもつことは不可能です。

その一方で初任者指導だからできることも非常にたくさんあります。
初任者指導として，どうしてもしないといけないことは，針金でつくった細い骨組みのようなものです。
そして，可能ならばそこにできるだけたくさんの肉付けを行い，血を通わせるように指導していくことで，その初任者にとって（そのときは役に立たなくても）価値を積み重ねていくことができます。

本書では私自身がいろんな形で初任者に関わり，うまくいったこと，逆にうまくいかなかったことや，これまで初任者を担当された先生方の指導を参考にしてその骨組みと肉付けについて書きました。
幸いなことに，ある年，私自身も初任者指導担当として仕事をすることができました。
十分な指導ができたとは言えませんが，それでも実際に経験したからこそ，年間を見通した指導の在り方の一例は提示できるかもしれないと考え，本書を書くに至りました。
この本を読んで，この程度やればいいのかと感じていただければ，それはそれでよいことだと思います。その一方でこんなにできないと感じられれば，自分なりに必要なことだけをしていただくことが，もしかしてそのときの状況では「ちょうどよい」のかもしれません。
本書では，都道府県ごとの初任者研修の在り方の違いはあるにせよ，初任者指導そのものの捉え方や考え方，そして具体的な方策を提案しようと考えました。
基本的には，私が行ったことを書いていますが，うまくいかなかったこと，もしかしたらできていなかったこともいくつもあり，悩みながら，もがきながら行ってきたことを少し思い出します。
みなさんも同じように，うまくいかなかったり，悩んだりすることもある

でしょう。

　しかし，そうやって悩みながら進んでいくことにこそ価値があると考え，それも含めて楽しんで初任者指導に関わってくだされば本望です。


　書きながら，終始頭に思い浮かんでいた言葉があります。

　「教室と職員室は地続き」

　教室で子どもを高圧的管理的に指導することは，現代の子どもたちに「合わない」と感じることが多くなりました。

　現代型の「学級経営」は，子どもたちの様子をよく観察し，子どもたちと対話し，子どもたちに合わせて「学習」や「活動」を提示していきます。

　「初任者指導の本」を書いているつもりが，いつの間にか「学級経営の本」を書いている錯覚にとらわれることがなんどかありました。

　初任者指導もそのような学級経営の在り方とよく似ています。

　もしかしたら，この本を通してそのような学級経営の在り方についても，何らかのヒントを示すことができているかもしれません。

　そう考えると，初任者指導そのものが，自分の学級経営を見直し，子どもたちへの接し方を見直し，仕事への取り組み方を見直す大きなチャンスであるとも言えるでしょう。

　また，私自身がそうだったように，指導しているようで，実は「指導していただいている」と感じられる方もおられるかもしれません。

　初任者指導という経験そのものに価値があると私は考えています。


　さて，いよいよ「初任者指導担当」としての1年が始まります。


　この本を手に取られる多くの初任者指導担当にとって，そして，その前にいる初任者にとって，さらに言えばその初任者がこれから幸せにしていく子どもたちにとって，この本がわずかでもお役に立つことができれば幸いです。

# CONTENTS

# 3章　授業のつくり方と関係づくりの指導

# 4章　成長を促す中期の指導，未来へつなぐ後期の指導

# 5章　初任者指導担当としての在り方

# 1章

# 初任者指導のグランドデザイン

#  初任者指導のグランドデザイン

 初任者指導は，一体何をすればいいのでしょうか。
しなければならないこと，したほうがいいこと，しない方が
いいことなど，まずはその全体像を示します。

## ✏ 初任者指導のグランドデザイン

　初任者指導について，あれを教えて，これを教えてというようなコンテンツベースで考えていくことは多いと思います。

　しかし，まず初任者指導そのものをどうデザインしていくかを考えることが最も大切なことだと私は考えます。

　そのグランドデザインとして，私が行ってきたことを優先する順番にしたがって以下に示し，次項よりそれぞれについて説明していきます。

---

①フレームづくり
②方向づけとその調整
③指導・支援
④リフレクション
⑤他の教員との関係づくり
⑥情報共有

---

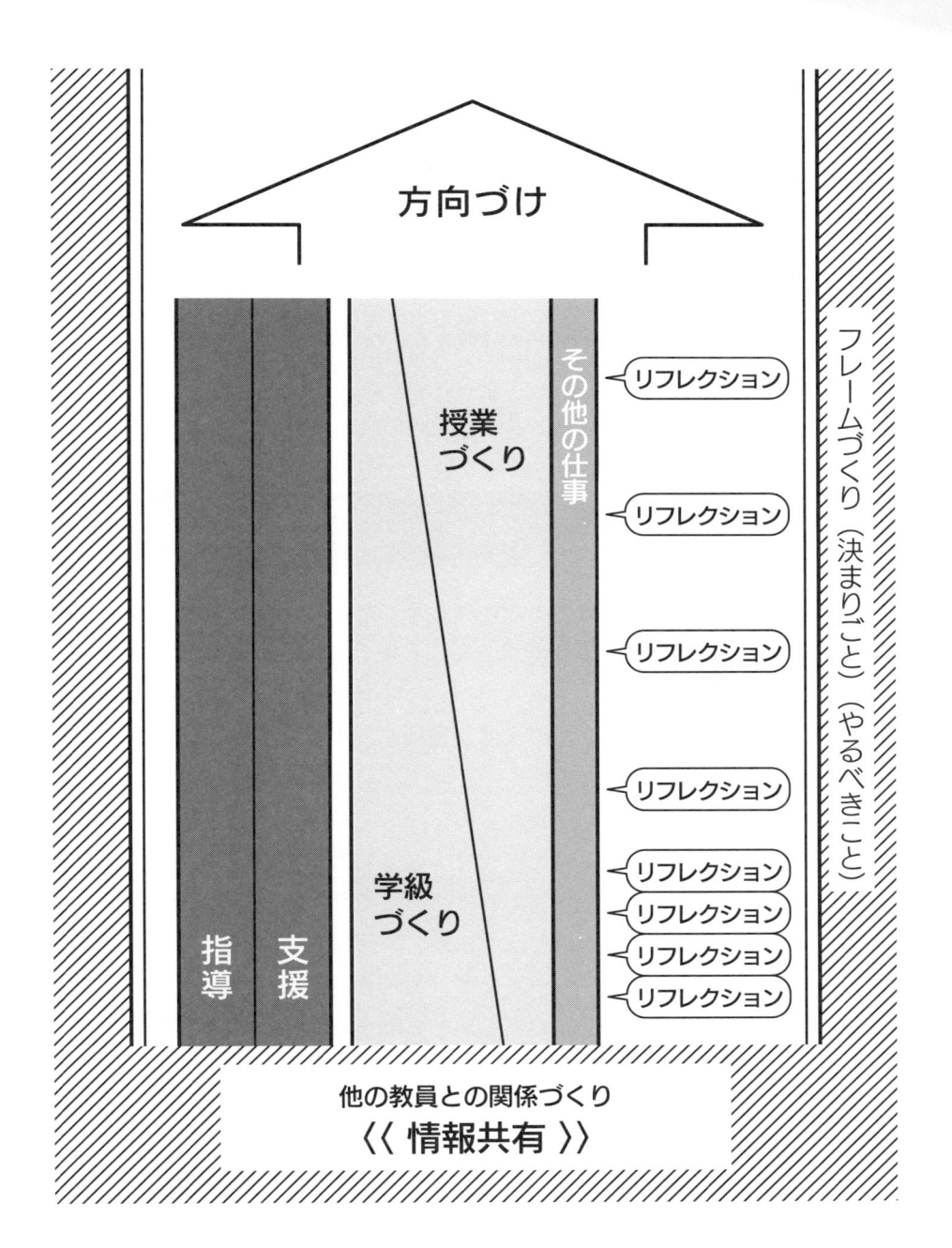

# 02 ♣ フレームづくり

初任者指導の中心は教えることではなく，自ら安心して学べるフレーム（枠）づくりだと考えます。では，そのフレームとはどんなものなのでしょうか。

## 🖊 初任者指導のフレームづくりとは

初任者指導のフレームとはいったい何を示しているのでしょう。

フレームはあくまでも初任者指導を入れる枠のことであり，大きな「箱」のようなものです。

そのフレームを指導する立場の人間が理解し，把握していないと，そのときに教えたい「内容」のことを優先して考え，骨組みも流れも意識しないまま関わってしまい，結局1年が終わる頃になって何を示すことができたんだろうともやもやした気持ちで終えてしまうかもしれません。

フレームは家を建てることで例えれば，ざっくりとした設計図です。

どんな家具を置くか，食器はどうするか，家電はどうするか。

そういうことをイメージしつつ，まずはある程度決まったスペースとコストの範囲内で，どういう間取りの家を建てるかを考えていくでしょう。

では，初任者指導におけるフレームとはどんなものでしょう。

最初に1年間をどう過ごしていくかを示します。1年間の流れやそれに伴う活動や事務的な作業があるかなどがこれに当たります。

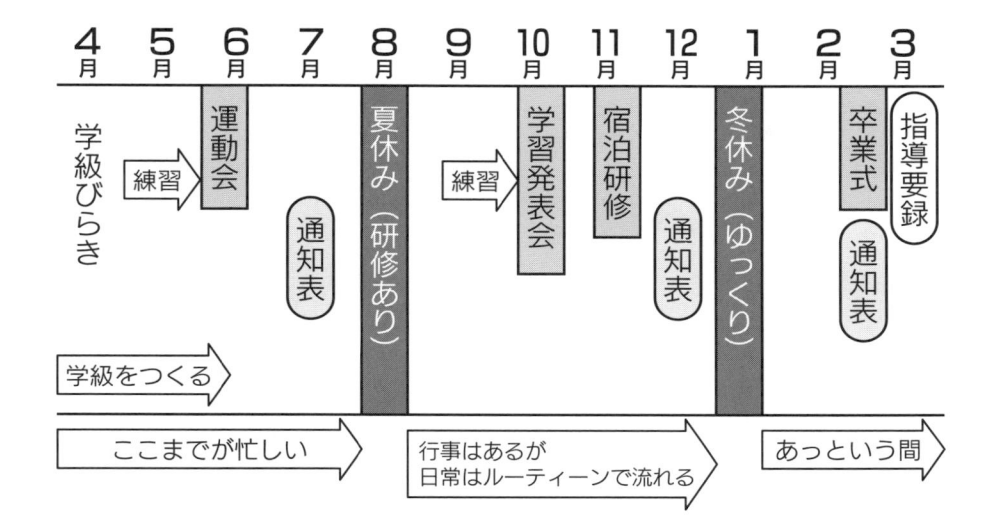

　1年間の流れや，それに伴う活動や事務的に行う作業は，学級経営上行うものと学校の教育活動全体のものなどが入ってきます。

　小さな学校では，初めからいろいろな校務分掌が割り当てられることも多いので，その仕事を行う上での大まかな流れも示しておく必要があります。

　ただし，年度当初は大まかな見通しをもつことができれば十分で，逆に細かいところまで説明しても頭に残りません。

　ただ，その中で学校独自の決まりごとは示しておく必要があるでしょう。

　同時に，特に新卒の先生を対象とした場合は，「教師」や「社会人」としての在り方や考え方も示しておかなければなりません。

　しかし，新卒ではなく，それまで講師をしていたり，他の職業に就いて仕事をしてきたりしていたとしても，「初任者」としてだれかに大まかなフレームを示されることがあったとは言えません。

　なので，せめてここでは一度そのような「初任者としての在り方」というフレームも示しておくとよいでしょう。

#  03 ♣ 方向づけとその調整

 フレームをつくりながら，同時にどのように成長していくかを相談して決めていきます。フレームと方向づけが主体的に伸びていく教員を育てるための2大要素だと考えます。

## ✏ 方向づけとその調整

　方向づけとは，対話したことをもとにしてどのような学級をつくっていくか，どのように仕事を進めていくかを，示していくことです。

　早い段階で「本人がしたいこと」「学校でできること」「学校としての『フレーム』」などを考えながら，方向づけをします。

　方向づけとは言ってもそれは直接的に「こうしましょう」という上から押しつけるものではなく，一緒につくっていき途中で変化していくものだと捉える方がよいと思います。

## ✏ 失敗はしばしば宝となる

　もちろん，「それは無理だ」とか，「失敗しそうだな」「危ないな」と感じることもあるかもしれません。

　しかし，そういう「うまくいかなかった経験」も，後のことを考えれば，それは本人の宝ともなるので必ずしもマイナスとは言えません。

　本人の将来を考え，それを行うこと，行わないことによって起こりうるリ

スク（行政上，反社会的行為なども含めて）は示し，説明するようにします。

　例えば，セクハラや事件・事故につながるものについては必ず言及しておきます。個人的な具体例をここで書くのは避けますが，具体的に「こういうことがあった」と伝えることが私の場合は多いです。

　「初任者指導は，自分のコピーをつくる」のではありません。

　最初はその先生の成長段階やキャリアによって，物足りなさや稚拙さを感じるようなこともあるかもしれません。しかし，その裏側に「（今の）自分みたいになるように育てよう」という自分のこれまでと今を肯定したい心情が隠されているかもしれないことは意識しておくべきです。

　経験を積み重ねていくことで，視野は広がり，仕事に対する捉えが変わっていくことは，だれもが経験していくことであり，みなさんもこれまでさんざん経験してきたことでしょう。

　だからこそ，その先生のこれまでの経験を認めつつ，その上で「じゃあ，次はどうしようか」といくつかの提案をしながら一緒に考えていくことが必要なのです。

　特に最初の数年間は，ステージの変化に伴っての仕事や自己の捉え直しは必然であり，そのときに一緒に考え，ある程度の客観性がもてるように伴走していく覚悟のようなものが必要です。

　一緒に考え，調整していくことこそが，初任者指導の本質とも言えると考えます。「やってみないとわからない」ことは，やっぱりやってみないとわからないものです。

　職の継続に大きく関わらない「やらかし」は，多かれ少なかれだれにでもあるものですが，そういう「やらかし」が多いタイプ，そして，初任者指導の言うことを素直に聞かないタイプは，逆に言えば自立心が強いことも多いのです。

　10年，20年キャリアを積み重ねたときに，通常よりかなり痛い目にあっていることがあったとしても，案外そういうタイプの先生が学校や地域の主力となって活躍していることも少なくはありません。

# 04 タイプ別の指導・支援

初任者と一言で言ってもいろいろな初任者がいます。本項ではそのタイプを大まかに3つに分けて考えていきます。

## 3つのタイプの想定

　初任者にも本当にいろいろなタイプの先生がいます。

　それぞれのパーソナリティの違いはもちろん，これまでの人生経験，そして学校で「子どもとして」過ごしてきた経験や感覚など，その違いの背景はいろいろあります。

　本項では，経験の違いに焦点を当て，初任者指導としての関わり方や指導の在り方について考えていきます。

　以下に「新卒」「講師経験が数年ある若手」「経験の多いベテラン」への指導や対応の留意点を示します。

### ❶新卒

　子どもの頃に経験したこと，大学で学んだこと，ボランティアや教育実習で経験したことを中心に仕事そのものを捉えようとします。また，ドラマなどのフィクションをベースに仕事のイメージを捉えていることもあります。

　教育実習では，比較的落ち着いた学級に入り，経験のある先生のサポートのもと「先生」として実習していることが多いでしょう。

「大変だったけど，楽しかった」という感覚を大切にしつつ，少しずつ責任感や厳しさを感じていくようになります。

正直，一人一人の差はありますが，仕事を経験していく中で，当初見える差は埋まっていったり，逆転していったりすることも多いです。ですから，その差はあまり気にしないで，その人にあった方法で，必要なことを伝えながら指導していくことが大事です。

教えられる側は，具体的な方法をできるだけたくさん教えて欲しいと考えていますが，教える側としては教育観や授業観，子供観について伝えたいと考えているため，そのギャップを埋めたり，両立させたりすることを考えていく必要があります。

理想と現実のギャップをいかに埋めていくかが1つのポイントとなります。

## ❷講師経験が数年ある若手

講師として数年働いて，その後に正採用された初任者もいます。

講師のときに，一緒に働いていた初任者を横目で見ていて，「初任者指導がうらやましかった」と感じていることがあります。

教えてもらいたい，というよりは，気にかけてくれている先輩がいるということが大きいのかもしれません。

ただ，自分の知らないことや，もっとよい方法を教えて欲しいという気持ちももちろんもっています。

❶の新卒の先生と同様に教えてもらいたいと考えているのは「具体的な方法」です。

新卒の初任者と異なるのは，「もうすでに現場で仕事をしてきた」というプライドをもっていることで，そういう現場人としてのプライドと，初任者としていろいろなことを教えて欲しい気持ちが混在しています。

まずは，そのプライドを「尊重する」ことが一番となります。

アドバイスの前の「できると思うけど」「知っているかもしれないけど」という一言で，受け取り方はずいぶん変わります。

その上で，「ここは教えた方がいい？」「これ，少し詳しく教えたいんだけど」「私も役割を果たしたいので，わからないことはどんどん聞いて欲しい」と伝えます。

　もちろん注意しないといけないことは，先輩として注意します。

　ここまで示したことに留意しながら，それ以外は新卒の先生と同じように指導や研修を進めていきます。

### ❸経験の多いベテラン

　経験の多いベテランが新採用として入ってくるケースがあります。

　力のある先生が多い印象です。その場合は，大いに頼りにしましょう。

　「初任者担当ではありますが，どちらかというといろいろ教えてもらったり，頼りにさせてもらったりすることがたくさんあると思います」と伝え，その通りにしたらいいのだと思います。

　ただ，経験があっても，転任者だと捉える必要はあり，最初はいろいろと気にかけて親切に関わるといいでしょう。


　本書では主に❶と❷の段階の教師を想定して書いています。

　さて，ことキャリア形成を考えるときに参考にしていただきたいのが，右の図です。

　これは，心理職の６段階を表す図ですが，教師の場合にも当てはまると考えられます。

**心理職の 6 期発達モデル**

| | | |
|---|---|---|
| 第 1 期 | 素人援助者期 | 心理援助の訓練を受ける前の状態。<br>深入りや同一視。 |
| 第 2 期 | 初学者期 | 専門的な訓練を受けることへの熱意は強いが，自信に乏しく不安が強い。新たな理論を学ぶたびに，自分の援助に対する考え方が大きく影響を受ける。 |
| 第 3 期 | 上級生期 | 博士後期課程にあたる。一人前の専門家として機能することを目標とするため，間違えを恐れ，完璧主義になりがちで，なんでも教科書通りにこなそうとする。 |
| 第 4 期 | 初心者専門家期 | 博士課程修了から臨床 5 年程度。理論的アプローチだけではなく，一人の個人としての自分が臨床活動に大きく影響していることを認め，臨床家としての自己を統合しようと試みる。 |
| 第 5 期 | 経験を積んだ専門家期 | 臨床経験15年程度。様々な臨床経験を積み，自分の価値観・世界観・パーソナリティーを反映させていく。理論や技法を柔軟に使いこなし，落ち着いて対処できるようになる。 |
| 第 6 期 | 熟練した専門家期 | 臨床経験20年から25年。職業的人生を振り返り，自身の臨床家としての力を現実的に認識し，もう一方で自分の限界も謙虚に受け止められる。専門的知識の真の発展に関して冷めた見方をすることも少なくない。 |

参照：『公認心理師 完全合格テキスト』公認心理師試験対策研究会（2022）

　その年代によって，関心があることは違います。

　初任者指導の先生が関心があり，大切だと思う「正しいこと」と，初任者が関心があり，目の前のことを行っていくために必要な「正しいこと」は，往々にして異なります。

　指導担当が自分が考える「正しいこと」を教えようとするあまり，その年代の先生にとって必要なこととは異なることを教えて，助けるどころか苦しめ，足を引っ張ってしまうこともあります。

　もちろん，指導する立場の教員がつくのは，特別な場合を除いて初任者のときだけとなります。

　「正しいこと」も伝えつつ，しかし基本はスタートとなるこの 1 年がうまくいくように，彼らの年代のことを思い出したり，周囲の若い先生の言動などを見聞きしたりしながら，できるだけ多くのことを伝えていくことを心がけましょう。

# 05 学期ごとのリフレクション

やりっ放しではやはり力はつきません。定期的に，そして不定期に自分の仕事や実践を振り返ることが必要です。その機会をつくるのはやはり初任者指導担当の役割なのです。

## 学期ごとのリフレクション

「指導」の基本は5段階です。

①アセスメント

②説明・指示

③活動

④活動に応じた支援・指導・フォロー

⑤評価

この5つのどのプロセスが欠けても，十分な指導とはなりません。

　①から④までは，2章以降で詳しく述べていきますが，ここでは⑤の評価について少し具体的に示しておきたいと思います。

　評価という言葉をここではあえて使っていますが，実際は初任者と初任者指導担当の間で行われる「振り返り」（リフレクション）だと考えていただく方がよいでしょう。

　なぜ，「評価」と書いたのかというと，指導者としては振り返りだとしても，初任者にとっては間違いなく「評価」であるからです。

　そして，その評価は次の活動の基準や指標となっていきます。

だからこそ，どのような「指標」を示していくかが大切になるのです。指導と評価の一体化と言われますが，それは初任者指導にも当てはまります。

## どのようにリフレクションを行っていくのか

私の場合は，特に最初の辺りは短時間で頻繁にリフレクションを行っていました。「今日どうだった？」「困っていることはない？」などという簡単なものです。

そのリフレクションも時間が経ちある程度軌道に乗り始めると，回数は減っていきます。

その一方で，「全体像」や「概要」を評価することで，大きくその先生がどのように変化しているのかを捉えることも必要です。

学級に対する指導は１年間を見通して行うものです。そして，その区切りは学期ごとであり，子どもにとっても，教師にとってもその変化を理解しやすいタイミングです。

そのタイミングで，「全体像」や「概要」を総括したいと考えます。

私の場合は，子どもたちに通知表を渡すように，以下に示した項目をもとに初任者の先生に簡単な振り返りを渡していました。

○学級経営について
○授業について
○校務分掌について
○次学期に向けて
○その他

2 章

まずはここから「初期の指導」

# 01 初任者を迎える初日

最初の印象はとても大切です。教室で子どもを迎えるように，初日に初任者をどのように迎えるのかも考えておきましょう。

## 何をしたらよいかわからない

さて，いよいよ初任の先生が学校に来る初日です。

大きな希望と同時に不安を抱えながら学校にやってきます。

学級開き同様，初日が大事です。

ただ，学級のように時間ややることが決まっている訳ではないので，こちらでやることを決めておく必要があります。

以前初任者を担当したときのメモの中に次の項目がありました。

○一緒に作業をする

○伝えること

　・１年間のざっくりとした流れ

　・コンプライアンス（ＳＮＳに注意）

　・情報管理

　・服装について（動きやすいものでよい）

　・始業式までの準備（別紙※29ページの写真資料）

　・「困った」「助けて」「わからない」が言えるように

・自分ができる貢献をする

（気づき，動くことを，教室でも職員室でも）

・一番の目標は，元気で1年間働くこと

○**持ってきた方がよいもの**

　・自分用のコップ

　・ジャージ

　・歯ブラシとコップ

　・ノート（授業等）

　上に挙げたものは一例です。勤務する自治体や学校によってしないといけないことは異なりますから，自分の学校に合わせてアレンジしてみてください。

## ✏️ ポイントは一緒に作業すること

　上に示したものでかなり意図的に入れたのが，「一緒に作業すること」です。

　初日は楽しくおしゃべりしたり，ゆっくりしたりと考えがちですが，初任者にとっては「どんなことをするのか」を一番知りたいのです。

　もちろん伝えたい大事なことはいくつもあります。

　SNSの情報に鍵を掛けるなどの対策をしておくことやこれから知るであろう個人情報の保護などは，できるだけ初日に確認しておきたいことです。ただ，それ以外は初日に終わらなければ終わらないでいいのです。まずは一緒に楽しく作業すること。それを経験することで，新しい職場に「仲間」をつくっていく。

　じっと座って待っていることが苦痛だったり，不安を感じたりすることにつながることがあることを考えても，まずは「何が一緒にできるか」を考え，それを提案するということを考えてみてください。

# 02 子どもたちが来る前にすること

始業式の前にしておくこと，しておきたいことは，かなりたくさんあります。その一つ一つを丁寧に扱うことは，いいスタートを切るためには必須です。

## 担当学級の引き継ぎをする

これから1年間初任の先生を担当するということは，表には出ないかもしれないものの，多かれ少なかれその初任の先生の学級の子どもや保護者にも関わるということです。

子どもたちや保護者を知らなければ，アドバイスも的外れになるかもしれません。そして，場合によっては直接，子どもたちや保護者と関わる場面があるかもしれません。

そのためには，まずは自分が半分担任をするような意識で引き継ぎに同席するようにしましょう。

先生によっては楽観的で，本来は気をつけないといけないことを軽く伝えたり，伝え忘れたりすることも考えられます。

その場合は，「〇〇くんはどうですか？」「〇〇というできごとがあったと思うのですが」「△△さんの保護者から，よく電話がかかってきていましたが」と深掘りして，できるだけ情報を引き出す必要があるでしょう。

おそらく初任者指導担当の先生は，前年度も同じ学校にいた先生でしょうから，その辺りのフォローはしやすいと思います。

また，逆にうまくいかなかったことや，子どものだめなことばかり伝えられるケースもあるかもしれません。それこそ楽観的な初任者なら問題ないのですが，不安感や緊張感が強い先生の場合はマイナスに作用することがあります。

　そういう場合は，「どう対応したのですか？」「その○○くんは何が得意なのですか？」「△△さんが好きなものはなんですか？」などと，具体的に初任者が工夫できそうな情報を引き出します。そして，事後のアドバイスとして「新しい先生と新しい関係を築けば，うまくいくケースも多いよ」「○○くんは，△△の話が好きだから，そういう話をするといいよ」などと具体的な方法をアドバイスします。

　ここで大事なのは，不安感を取り除くことと，決して前担任の悪口にならないようにすることです。

## 案外大事な教材選定

　年度はじめの教材選定は，ぜひ一緒にしてみてください。

　教材選定と一言で言っても，その作業の中にいろんなエッセンスが詰まっています。事務的な手続きの方法を知る他に，教材の話，授業の話，基礎的な学力の形成について，子どもたちの様子など，教材を選びながら本当にいろいろな話をすることができるのです。

## 雑談も必要だが……

　職員室の中の雑談は必要だと思いますが，あまりあれこれ質問するのは控えたいものです。私自身は，あまりそういう雑談が得意な方ではないので，他の人を頼りにしていました。

　上手に話をしてくれる先生や年代が近い先生がいれば，「○○先生，よろしく」と他の人を頼りにするのも1つの方法です。

# 03 学級についての指導

「どんな子どもがいるかな」「何をすればいいのかな」「学級崩壊は起こらないかな」，など不安は尽きません。だからこそ，子どもが来る前に，まず何をすればよいのかを示します。

## ✎ まず行うのは，「学級についての指導」

　初任者の不安の一番目は，やはり学級をどのように運営していくかだと思います。1年間の見通し，学級開き，授業開き，授業のシステム，そして学級経営……。

　学級を運営していくために必要な要素は，多岐にわたっています。

　あれもこれもついつい教えたくなってしまいますが，特に新卒の先生の場合は，ここまで教えられる側の経験こそあれ，教える側としては経験らしい経験をもっていません。

　あまりあれこれ伝えられても混乱してしまうことにつながることもあり，実際に役に立つかというと怪しいものだと思います。

　現場では教えて覚えるというよりも，実際にやりながら覚えていくことの方が圧倒的に多いでしょう。知識はなくてもやってみればわかることや，一緒にやって覚えること，見て覚えることがほとんどです。

　では，何もしなくてもいいかというと，それは違うと思います。

　「何をしたらよいかわからない」「何がわからないかわからない」のが，初任者です。

始業式までの間に，そういった不安を少しでも取り除くことを一番に考えます。

　そう考えたとき，私の場合次の３つのことを行うように伝えます。

---

❶新年度に向けての事務的な作業を行う
❷１年間の見通しをもつ
❸初日，及び１週間の計画を立てる

---

## ❶新年度に向けての事務的な作業を行う

　新年度，多くの先生方がバタバタ仕事をしています。

　そして，その仕事は先生によって大きく異なることはありません。

　まずは，「集団の中で仕事をする」ということを体感してもらうためにも，事務的な作業からスタートします。

　大まかな全体像と具体をつかんでもらうために，年度はじめのチェックリストを提示します。

```
学年始めチェックシート

事前準備（学校）
　ひきつぎ（当番、係、給食、掃除、連絡帳等のシステムも確認）
　児童名簿作成
　諸帳簿整理（要録・出席簿）
　教材選定
　ノート・ファイル注文（キョクトウ）
　　国語　社会　算数　理科　総合　振り返り　自学　5mm方眼　7種
　　日記　12行
　　ファイル　B5×2　A4×2
　最初の学級通信
　休んだ子の連絡用紙
　休んだ子用の封筒
　忘れ物用の鉛筆・赤鉛筆・定規・消しゴム（後ろを少し削っておく）
　掲示物印刷（ていねいさ・続けること　叱る三原則　種を蒔く）
　時間割決定
　教室清掃
　児童記録簿作成
　朝の会・帰りの会の様式
　備品確認（掃除道具・給食エプロン）
　保健関係（家庭環境連絡票・保健調査票・緊急連絡カード・健康診断表等）
　健康観察板確認
　ロッカー・靴箱の名前張り
　くじ用わりばし
　計画（最初の3日・1週間・一年間）※下の年間の計画参照
　12ヶ月掲示用色画用紙
　（218さくら　243わかくさ　114あかるいあさぎ　211みずいろ　318ひまわり
　　101クリーム　213だいだい　152ミルク　112うすクリーム
　　232こいもも　151ゆき　102うすもも　）
　色画用紙・習字用
　画用紙
　白表紙
　シール注文
　ホワイトボード（ラミネート）
　カレンダーに誕生を記入する。
```

面白いことに，そのようなチェックリストを個々でつくっていることも多く，私のリストを見ながら，「私はこんな感じでやっている」と自分のチェックリストをくれる先生方が現れることがあります。

　似たような項目があるので，初任者指導の先生だけでなく，他にも同じような作業をしている先生がいれば，そこに合わせて一緒に作業をするよう促します。

　そうやって，他の先生にも頼ってよいこと，だれかを頼りにすることでかわいがってもらえることを間接的に伝える場にもなってきます。

　チェックリストの細かな違いもまた，初任者にとっては非常に有益な情報です。

　その違いは，学級経営観の違い，子供観の違い，授業観の違いです。

　その違いどれもが「正解」であり，自分にとってどういう方法が望ましいかを選んでもらう練習にもなってきます。

　方法は単なる方法にはとどまらず，先に述べたような学級経営観や子供観，授業観と密接につながっています。本人は意識しないでしょうが，その中でいろいろな先生の考え方や在り方に触れる場でもあります。

　単に事務的な作業をこなしているようで，実はいろいろな意味を含んでいるのです。

### ❷１年間の見通しをもつ

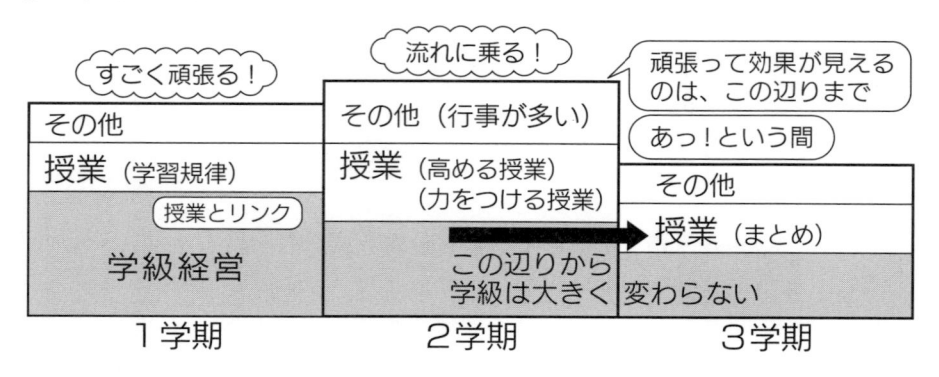

学校の1年間，学級の1年間は同じように進んでいくわけではありません。

　忙しくても頑張った方がよい時期，比較的ゆったり過ごせる時期，行事の時期，年度終わり。

　それぞれの時期ですることは大きく変わります。

　年度当初と同じように1年間全く同じ緊張状態で過ごさざるを得ないことは，そうそう多くはありません。

　年度当初，学期終わり，学期はじめ，行事，年度終わり。

　その辺りの時間軸を考え，初任者に1年間の流れを伝えていきます。

　とはいえ，学級は生き物ですから順調にいろいろなことが流れていくわけではありません。

　もしここでうまくいかなかったら，どうするか。

　行事を行うために，どんなことをしていくか。

　そんなことをあれこれ伝えていきます。

　たくさんいろんなことを想定して伝えていきますが，そのほとんどを初任者の人は覚えていなくても大丈夫です。

　大事なのは，1年間には流れがあるということ。

　終わりがあるということ。

　この2つを意識できるだけで，十分です。

　ただし，時々見返して役に立ててくれることも多いので，図として示し，初任者に手渡しておくことは大切だと思います。

　その上で，学級開きの1週間の大切さについて伝えていきます。


## ❸初日，及び1週間の計画を立てる

　「まず，最初に何をしたらいいのか」を知ること，そして準備をすることが一番大きな仕事となります。

　何ごとも，最初の一歩を踏み出すことが一番大変なのですから。

　私の場合，学級経営における「最初の1週間の役割」を伝えるようにします。

大きな役割は以下の二つです。

> 心理学で言うところの「初頭効果」を意識した出会いの演出。
> 新しい学年をスタートさせるためのシステムの確立。

　ここではできるだけ具体的に例を挙げながら，方法を説明していきます。場合によっては周りの先生に，「学級開きや授業開きって，みなさんどうしていますか」と声をかけることによって，たくさんの情報が集まることもあります。考え方を伝えるよりも，何をするのかを具体的な行動として示し，その上で取捨選択したり，工夫したりしていくようにする方が不安を感じづらいものです。

　私の場合は，自分が初任者指導担当ではなくても，学校に初任者がいるときにはいつもより念入りに学級用のノートを書いていくことにしています。

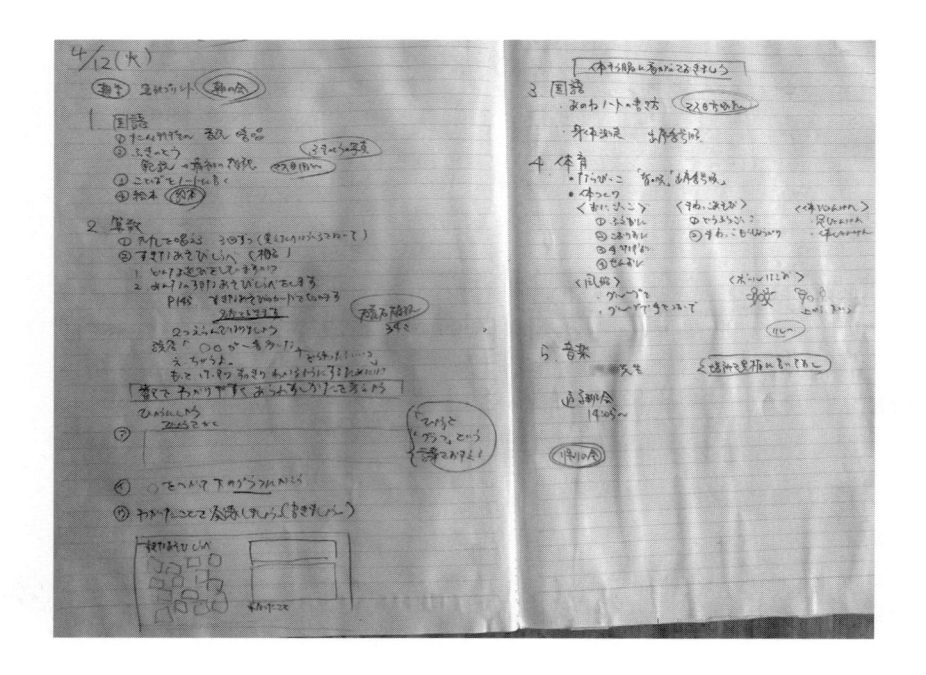

あくまでも授業ノートを書くことは絶対的なものではないので，「僕の場合は，こういうやり方をしている」と伝えることで促していくようにします。

　この通りにやりなさいではなく，これをベースとして工夫してみることをスタートとすると無理がないでしょう。

　チェックリストのときと同様に，そういう話をしていると興味をもって「自分の場合は」と同じように自分のノートを見せてくれる先生が現れることがあります。そういう先生は，ほぼ例外なく周りによく気を配り，助けてくれ，実際に学校の中でも学級経営や授業で力を発揮している先生です。

　何しろ，みんなが忙しい時期に「わざわざ」そんなことをしてくれる先生です。損得で考えると，どう考えても「損」なのに，だれかのために動こうとする先生がすばらしい先生でないわけがありません。

　そういう先生と，学級開きの話をする中でつながっていくことは，その学校の中で過ごしていく上で，後々かなり大きな意味をもちます。

　初任者について気になりながらも，控えめでいる先生方にこちらから声をかけてつないでいくことも行います。

　そういう先生は，ちょっと声をかけると実は「待ってました」と次々にあれこれ教えてくれます。

　こうして，初任者指導担当が「学級開き」というツールを通して，学級開きを一緒に考える活動が，心ある先生方と優先してつなげていくことができる非常に重要な意味をもつ活動となっていくのです。

# 04 仕事の全体像と初任者の心構えを示す

初任者にとって「学校の仕事」イコール「学級の中で『先生』をする」ことと捉えていることが多いのです。それ以外の仕事があること，そして初任者としてできることを伝えておきます。

## 仕事の全体像を示す

　大学を出たばかりの先生の場合，教師としての仕事もまだ教育実習の延長線上にしかありません。

　つまり頭の中の「仕事」のほとんどは，教室で子どもと過ごし，授業を行う，ということです。ただ，現場の教師としては，それ以外の仕事が膨大にある，ということを知っています。

　ここでいう仕事の全体像とは，初任者としての1年だけでなく，ここから3年先，そして10年先の大まかな全体像です。

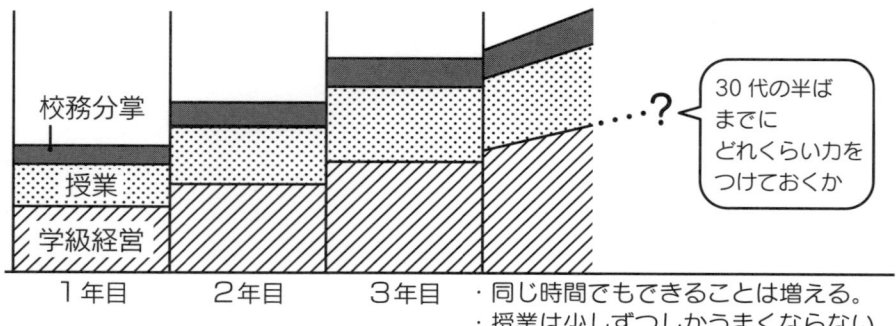

図に示したような内容を，初任者に伝えましょう。

　できれば，その場で簡単に手書きでもよいので図を使って示しておきます。

　そもそも教師の仕事や役割は，膨大で多岐にわたっているため，口頭の指示や説明は，ほとんど頭に残りません。

　指導者の自己満足に陥らないように，紙に残る形で示し，それを持っておくように言いましょう。

　もしかしたら，その１年はその後見ることはないかもしれませんが，いつか役に立つことがあるかもしれません。

## ✎ 情報提示

　この先，教師として仕事を行っていく上で知っておいた方がいいことを伝えます。

　コンプライアンス的なことが中心になります。

　どのようなことが違法行為につながるかは，必ず伝えておきます。

　特に情報の管理と，公務員としての在り方については，最重要事項です。

　だれかに叱られるだけにとどまらず，「保護者や地域の人にどう見られているか」が，教室運営，ひいては学校運営そのものに影響を与えます。

　同時にハラスメントについても，伝えていきましょう。

　ハラスメントの定義だけでなく，おかしいと思ったら周囲に伝えるようにいうことは大事です。性差を強調するのは本意ではありませんが，それでも女性の先生にはセクハラについて気をつけること，我慢しないで，だれでもいいから伝えるようにすることは大切なアドバイスです。

　説明することは同時に，自分自身が若い先生に対してハラスメント行為を行わない確認をするという意味ももちます。

　少し生々しい話になるかもしれませんが，だれと行動をともにするといいかを考えることは大事です。

　それは，教師の成長にかなり大きな影響を与えるからです。

学校にいる先生の「いいところ」を伝えることで，その先生は多様な「いい先生像」に出会うことができます。

　そして，特にその先生のキャラクターを考えつつ，よりその先生のキャラクターを生かせる「上位互換」のような先生を見つけ，基本的にその先生のそばにいるようにした方がいいということも伝えます。

　一緒にいることで，目に見える仕事の仕方だけでなく，教師としてのしぐさや話し方，雰囲気などいつの間にか学び取れることは本当に多いのです。

　その先生のキャラクターに沿った先生がいない場合は，「忙しそうな先生」を見つけて，そういう先生に「何をしたらいいですか」「何をしていますか」と尋ねるといいことを伝えます。

　そうして，つながりをつくり，仕事時間を共有することは，ネタやコツを直接教えてもらう以上に大きな意味をもちます。

　その一方で，その先生にとって「望ましくないモデル」になってしまう先生もいます。そういう先生の中には，意図的に暇な時間をつくったり，そもそもあまり仕事がない状態で暇な時間が多かったりする先生がいます。その暇をうめるために，積極的に初任者に関わろうとするケースも稀にあります。望ましいモデルとなる先生の近くにいることは，そういう先生の暇つぶしの相手になることも防ぎます。

　暇つぶしにつきあうことで，時間も体も心もそぎ取られる一方で，得られる学びは少なくなってしまいます。

　こういうことを書くのは，現場の教師としてはかなり葛藤がありますが，それでもやっぱり「暇そうにしている先生には，それなりの理由があること」は，どこかで伝える必要があると思います。

　同僚をけなすことは基本的にプラスになりません。

　若い世代は，これから多くの頼りになる先輩とつながることで，いろいろな価値観に触れていく必要があるのも事実です。そして，反面教師といえる「場面」に出会うこともあるので，危機管理の問題から，行為について言及することは時に必要となります。あとからあり得ないようなミスをさせない

ためにも伝える必要があれば，それは伝えます。

---

### 学校でより良く働くために知っておいてもらいたいこと

**1　個人情報に注意しましょう**

①守秘義務

学校は，守らないといけない個人情報だらけです。

軽はずみに学校で知った個人情報を，人に伝えてはいけません。

「大人として」仕事をしている訳ですから，職務上知り得たことを外部に漏らすことで，法的なことも含めて社会的に責任をとらないといけないケースもあります。

②ＳＮＳに注意

就職するまでの間のＳＮＳの情報は，子どもや保護者に見られる可能性が高いです。

これまでＳＮＳに挙げていた情報を確認して，必要に応じて鍵をかけるなど公開範囲の見直しをしてください。

いらぬところで，ＳＮＳが自分の足を引っぱる可能性があります。

**2　あいさつや服装，立ち振る舞いなど社会人として必要なことを大切にしましょう**

人間関係の基本は挨拶や返事です。

先輩方の中にも十分ではない人もいますが，それでも社会人のスタートとして挨拶や返事をしっかりするようにしましょう。

それが自分自身を助けてくれることに繋がる場合もとても多いのです。

また，窮屈に感じるかもしれませんが，服装も色々な人に見られています。

その一方で，その人の仕事の仕方に依りますがスーツなどは，動きづらく，子ども達も少し遠慮する場合もあるようです。

ＴＰＯを考え，先輩方の服装を見て，働くのに適した服装を選びましょう。

**3　職場の先輩や，保護者は人生の先輩でもあります**

職場の先輩や保護者は人生の先輩です。先輩として適切な言葉遣いや態度，距離感などを考えて接するようにしましょう。

**4　学校に持って来た方がよい物**

学校に置いておいた方が良い物があります。

例えば，放課後休憩する時に使うコップ，ジャージなど，必要に応じて伝えます。

**5　忙しそうな人を見つけましょう**

学校というところは，かなり個人裁量の範囲が広い仕事です。仕事の仕方は人それぞれですが，頼るなら「忙しそうな人」です。

忙しい人には忙しい理由があります。

そういう人ほど学ぶべきところが多いのです。そして，そういう人は，忙しくても大切なことをしっかりと教えてくれることも多いので，できるだけそばにいて一緒に行動するようにしましょう。

**6　ハラスメントがある，ということは理解しておきましょう**

学校に限らず職場には何らかのハラスメントと感じられることがあるでしょう。

そう感じたら，私か，管理職に相談してください。

また，私自身の関わり方で苦手さを感じるようなことがあれば，管理職に伝えるなど何らかの方法を通じて伝えるようにしてください。

改善できることは改善していきます。

# 05 「困った」「助けて」「わからない」

初任者にとって，助けてもらえる人をたくさんつくることは，より安心して1年間を過ごすためだけでなく，それから先もとても重要なことです。

## ✎ 自分のできる貢献をすることを求める

「貢献」と言ってもたいしたことではありません。

だれかが何かをしているときにちょっと手伝う。一声かける。

そのような小さな貢献です。

そういう貢献をすることで，名前を覚えてもらえ，周りの先生から声をかけてもらいやすくなります。

また，自分が何かしているからこそ，「困った」「教えてください」「わかりません」「助けてください」と言いやすくなるのです。

学校の仕事は何もかもが明文化されている訳ではありません。

その「隙間」にちょっとした「仕事」がいくつもあります。

では，その「仕事」はだれがするのでしょうか。

それは多くの場合「気づいて」「動ける」先生がしています。

「貢献」するから「助けてもらう」というギブアンドテイク的な考えだけでなく，そうやって「気づいて」「動く」ことを癖にしていくのです。

そうすることで，学級運営がやりやすくなります。

なぜなら，学級運営では，何をするかの前にまず「気づく」こと，そして

その気づいたことに対して「動く」ことが大切だからなのです。

## ✎ 「教えて」「わからない」「助けて」

　学校は本来いろいろな先生が協働しながら進めていく場所です。

　自分が貢献したり，逆に手伝ってもらったりするのと同じように，他の先生方もいろんな人に助けてもらうこと，教えてもらうことが当たり前だということを伝えます。

　初任者指導の先生がモデルになれるよう，「なんでも知っていて偉い自分」ではなく，明るく「これどうするんだっけ」「あれ教えてくれる」「ちょっとこれ手伝って」と「ヘルプを出す自分」を，できるだけ見せるようにします。

　そうして，「できない自分を出すことは，決して恥ずかしいことではない」ということを，いや，「それが当たり前なのだ」ということを，初任者指導担当自身が日々その姿を通して伝えていくのです。

　そして，職員室はそういうことをしてもよいところだということは，いろんな形で知っておいてもらいます。

　そうやって「教えて」「わからない」「助けて」と伝えておくことは，「報連相」にもつながり，しばしば見られる「抱え込んで，どうしようもなくなってから露見する」という状態を防ぐことにもつながります。

　職場の人間関係で苦しんでいる初任者も多いと聞きます。

　周りから見ると，「なんで平気な顔をしているんだろう」と見られる初任者も，実はすごく困っていたり，自分の弱みを見せたくなくて強がっていたりすることも多いのです。

　だからこそ，ヘルプを出すことを繰り返し繰り返し伝えておくことが必要になります。

　そして，ヘルプを出すことでたくさんの味方をつくることは，初任者が伸びていく「環境」や「素地」となります。同時にうまくいかなくなったときの，かなり大きな「保険」にもなるのです。

# 06 週案を立てる

仕事の見通しを立てる上で，「週案」は非常に重要なものです。事務的にこなしていく方法を伝えつつ，より効果の高い週案の立て方も合わせて伝えていきましょう。

## 「週案」を立てる

　何事もそうですが，「見通し」が立たないことほど，人を不安にさせることはありません。教師という仕事も2年，3年と経験し，慣れていくことで，それなりに毎日が流れていくようになっていきます。ただ，最初の頃は視野が非常にせまく「今日何をするか」で精一杯になってしまい，逆に苦しくなってしまうことがあります。どんなに忙しい1学期であっても「力を入れるところ」がたくさんある一方で，「抜きどころ」というのは確実にあって，それを週案に表すことで明確になってきます。

　授業でどのように力をつけていくかは，単元を通して考えていきます。

　週案を書くことを通して，そのような単元の流れも自然と意識していきます。特に国語は初任者に限らず，つかみ所のない教科だと考えている先生が多くいて，週案を立てる中で教材研究をもとにした単元計画も立てていく必要性を感じるようになってきます。

　こう書くと大変そうですが，先にも書きましたが単元計画を立てることによって，流せるところとそうでないところの差に気づくことができ，結果的に楽になっていくのです。

ここからは私の場合は，という文脈で週案の立て方を紹介します。

①フォーマットを示す（Excel で週案のもとを作成する）。

②月の予定をもとに特別な予定を入れていく。

③教科の予定を入れる。

フォーマットは Excel のファイルなので，そのまま初任者に渡します。

まず，決まった時間割表に従って基準となる時間割を入れたものをフォーマットとして作成しておきます。そこに特別な予定を入れていき，教科書や指導書を見ながら教科のとりあえずの予定を入れていくようにしていきます。

ここまでは事務的な作業で慣れると10分もかからず終えられます。時間が厳しいときには，これだけでもするように伝えます。

ただ，ここから生きた指導案にするには授業ノートとリンクさせながら教科の計画を立て，それを修正したり，反映させたりしていく作業が加わってきます。

まずは事務的に週案を立てることを教えていきます。そのときにも，指導者自らが立てた週案や単元計画を示していくことで，よりイメージをもちやすくなるのは自明のことです。

週案

# 07 掲示のアイデアを示す

たかが「掲示」，されど「掲示」。掲示の基本的な仕方や，効果がある掲示の仕方を，そのときにすぐ役に立たなくても伝えておきたいものです。

## ✏️ 「掲示物」の意味

　教室の中に掲示物があることで，プラスになることは多いと思います。

　子どもたちにとって嬉しくなるような掲示，居場所を感じさせる掲示，勉強への意識をつなげる掲示，見通しがもてるような掲示。

　また，子どもたちだけでなく，保護者にとっても掲示物によって，その先生のやる気や子どもへの関わり方などが見えます。

　また，教育委員会の方々が来られたときには，授業そのものだけではなく，掲示物を観察して，仕事全体に対する印象をもつことも多いのです。

　それなりに手間も時間もかかりますが，意図的に，計画的に掲示物を貼ることは，いろいろな面で効果が高いのです。

## ✏️ 具体的な掲示の提案

　教室の中に掲示物があることで，プラスになることは多いと思います。

　特別支援教育の視点から，前面に貼る物はある程度制限されますが，それでも前後左右にどのようなものを掲示しておくとよいのかを伝えます。

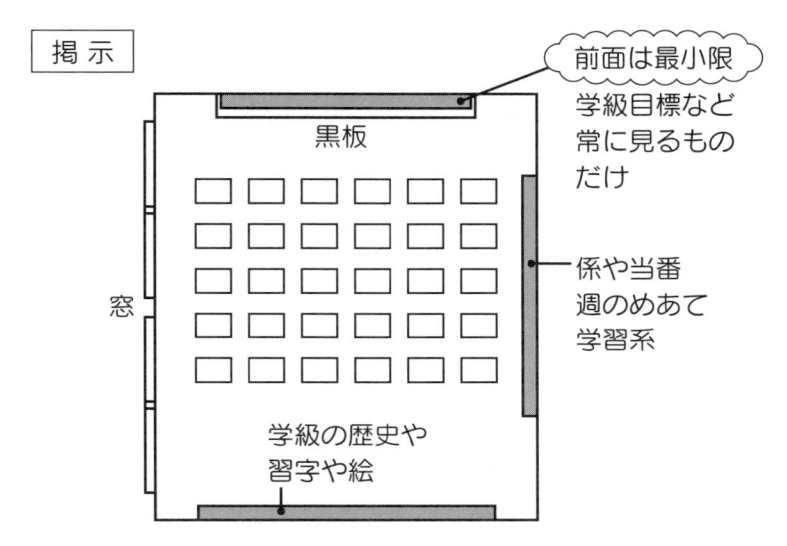

上に示したのは一例です。

○学級目標など，学級の指針となるもの

○予定や計画等がわかるもの

○子どもたちの作品

○学習内容の掲示

　最初にある程度の計画を立てておいた方が，あとから困らないことも多いので，ある程度の型のようなものは示しておきます。

　また，ただ貼りっぱなしではなく，学級目標や係・当番などの掲示はそこに付け足しを行っていくことで「生きた」掲示となることも合わせて伝えていきます。

　カレンダーに誕生日の印を付けておくことも紹介しておきます。

　それだけでも，一人一人に目がいっていると感じられる小さな掲示となります。

　興味深いのは，掲示が楽しみになったり，癒やしの時間になったりする先生もいることです。その入り口となる話をしておくのもよいでしょう。

 # 08 参観日や学級懇談の計画を立てる

参観日や学級懇談は，初めて保護者の目にさらされる機会となり，初任者にとってはかなり不安と緊張を感じさせる行事です。

## ✎ 「参観日の授業」は，いつもの授業とは少し違う

授業のつくり方については3章で詳しく伝えていきますが，参観日は少し普段の授業とねらいが異なる面があります。

そもそも最初と最後の参観日では「見てもらいたいもの」は異なります。

また学級懇談に向けてどんなことを準備しておけばよいのかを示しておくことも必要です。ここでは触れていませんが，家庭訪問や最初の個人面談なども同様に，何を準備して，どのようなことを行えばよいのかを伝えたり，確認したりしておく必要があります。

右のページは初任者に渡した「参観授業・最初の学級懇談に向けて」について示した文書です。

断片的にではなく，ここでも全体像を示しつつ，その都度必要な情報を提示し，特に最初の参観授業は「一緒につくる」つもりで考えていきましょう。「参観日の授業」は研究授業や教育委員会の視察と異なり，ここで失敗することは，この先1年間に大きく影響する可能性があります。

学級懇談も，学級の様子によっては準備や練習が必要な場合があります。

丁寧に相談しながら進めていきましょう。

# 参観授業に向けて

**参観日の目的**
○年間３回あると考えると？
　１回目・・・新しい先生を見に来る。
　２回目・・・子どもの成長を見に来る。
　３回目・・・次の学年に向けての子どもの成長を見に来る。

☆大切な「１回目」の参観日
　１回目の参観日に保護者が見に来るのは
　①新しい先生が「どんな人か見に来る」
　　　　　　観点は、ほとんど子どもと一緒
　　　　　　　　優しい
　　　　　　　　明るい
　　　　　　　　面白い
　　　　　（ほぼ）保護者だけの観点
　　　　　　　「きちんとしようとしている」
　②先生と子どもの「関係性」を見に来る。
　　　　　　仲良くしているか
　　　　　　よく見てくれているか
　　　　　　大切にしてくれているか
　③授業を「分かりやすくしよう」としているか。

　　**↑上の要素をできるだけたくさん満たせるような、教科、単元、時間
　　を選んで調整しておく。**

まとめ

> 一番は子どもが楽しそうにしているのを見て、安心しに来ている。

> 所謂「良い授業」は、ほぼ（全く）期待している訳ではない。

## 最初の学級懇談に向けて
○学級懇談で用意しておくもの。
　・レジメ　（■■小は学校でもとになるものがある。）
　・子どもの様子を観察して、エピソードで話せるようにしておく。
○次のことを簡潔に話せるように用意しておく
　・自己紹介
　・どんな学級にしたいか
　・学級の様子　良いこと９割から１０割
　　　　　　　　課題１割〜０割
　・全体を表す「嬉しくなるような」「くすっと笑えるような」「感動して涙が出るような」エピソードを考えておく

チェックリスト
　○授業の設定はできたか。
　○授業の準備はできたか。
　○学級の動き、授業の様子、子どもの活躍が見える掲示はできているか。
　○参観日までに、「参観日でできたらいいな」と思える、子どもの姿を育てようとしているか。
　○学級懇談のレジメは用意したか。
　○学級懇談で話す内容は考えたか。（自己紹介、所信表明、エピソード）
　○学級は整頓されているか。

# 09 雑仕事・事務的な仕事の捌き方を教える

仕事には軽重がありますが，最初の頃は見分けがつきません。仕事には「本質ではないけれど，確実に終わらせるべきこと」があり，その捌き方を伝えることも必要になってきます。

## 雑仕事・事務的な仕事

　グランドデザインで触れたように，学校には直接子どもに関わらないいろいろな仕事があります。

　その一つ一つに同じように一生懸命取り組んでいると，一番重要な「子どもに直接関わる仕事」にたどり着かない場合があります。

　日々，子どものことを考えながら，子どもと授業をつくり，子どもと関わっていく本質的な仕事と，それとは異なる仕事が多々あります。

　例えば，教育に関わる本質的な仕事とは異なる「とりあえず出せばいい文書」「とりあえずやっておけばいい仕事」が，仕事の中には存在します。

　いろいろな場所にある備品などの整理もそういう仕事に当たります。

　そのような仕事を「雑仕事」と私は呼んでいます。

　また直接子どもには関わらないけれど，通知表や学級会計，連絡などの文書作成といった事務的に行っていく仕事もあります。

　雑仕事や事務仕事の捌き方を伝えることは，実務中の実務を伝えることです。

## ✎ 「雑仕事」という仕事・事務的な仕事の捌き方

　最初の頃は，どの仕事もとても重要に感じられますが，決してそうではありません。

　仕事の中には，コピペで終わらせられるもの，返事だけ早くしておけばいいもの，形だけ整えれば大丈夫なものもあれば，初任者の場合は，当面それほど無いとは思いますが数ヶ月かけて考えないといけないものもあります。

　また，学級会計や通知表など事前にちょっとずつ整理したり，準備しておいたりすると，いざまとめるときにはさっと終わる仕事もあります。

　その辺りの整理や，軽重の付け方を知るとずいぶんと楽になります。

　雑仕事，事務仕事などの捌き方は特に得意な先生がいるので，その先生が仕事をしているときには，「○○先生が今△△をしているよ」と伝え，タイミングが合えば一緒にするように伝えるとよいでしょう。

　私自身は軽重をつけるのは割と得意な方ですが，事務仕事をさっと終わらせることはお世辞にも得意とは言えないので，自分の苦手な分野は，それが得意な先生をモデルにするようにしていました。

　気をつけておくことの1つに，若手の先生にはそういう事務的な仕事が得意な先生がかなりの数いて，「仕事全般ができる」と勘違いされることがしばしばあることです。

　最初から「できる」と判断されると，初任者とはいえ，時に自分の分掌を超えて，あるいは学校の中にある「だれがやってもよい」仕事を振られることがあります。

　その結果，本質的な仕事にたどり着くまでに時間も体力も消耗してしまうこともあります。そのような仕事の分量のコントロールも，初任者指導担当の役割の1つです。

　前述したように，管理職との情報共有を行っておくことで，その辺りの話もしやすくなっていきます。

# 10 リフレクションの在り方と方法を考える

いよいよ学校が始まり，初任者にとって子どもたち相手の仕事が始まりました。うまくいったこと，うまくいかなかったこと，わからないことなどを共有し，次に生かします。

## リフレクション

1章でも触れましたが，初任者の今と向き合い調整していくことが，初任者指導の本質だと考えます。

手間も時間もそれなりにかかりますが，そうやって伴走していくからこそ，その先生の1年間の育ちを共有することができます。

リフレクションの主体は，初任者であり，初任者指導の先生ではありません。

ですから，初任者が「自分は……」という自分語りをし，それを引き出しながら整理することがリフレクションの基本となります。

カウンセリングでもそうですが，ある程度自分のことを語り続けると，だんだんと客観的になったり，うまくいっていないことに目が向き始めたりしていきます。

だめ出ししたいことがあっても，先にそれを言わないでしっかり耳を傾けると，しばらく時を置くことで自分のことを振り返ったり，質問したりできるようになってきます。

ただし，何ヶ月もかかってもなお「これでいいんだ」と思い込んでしまう

こともあるかもしれません。

　では，そういう場合はどうすればいいのでしょう。

　3つの方法が考えられます。

## 📝 直接的に伝える

　1つ目は，「これが○○でだめだと思うよ」と直接的に伝えること。

　ただし，これは反発して全く受け止められないどころか，頑なにうまくいかない方法を選択し続けるリスクがあります。

　信頼関係がそこまでにどれくらい構築されているかに依ります。

## 📝 客観的事実を伝える

　2つ目は，客観的事実を伝えること。

　例えば，「子どもを見ることができていない」と伝えたいとき，「○○の時間と△△の時間，Aくんがずっと手悪さしてて，ノートを全く書いてなかったんだけど」「ノート確認してみた？」と，だれが見てもずれない事実を示します。

　「○○くんを見ていないよね」（他にも見ていない子，見えていない子がいるよね）ということは直接的には伝えず，事実を伝えることで間接的に伝え，同時に対策も伝えるようにします。

それでも「いや，そんなことはありません」「うまくいっています」と言い返される場合もあるかもしれません。

　実は，そういう先生の多くは自信がありません。

　指摘されていることは，うすうす自分でもわかっている。だけど，上から指導され，どうするかという方法も示されない。そんなもどかしさが「怒り」という感情に変化してしまうのかもしれません。

　子どものときに，「勉強しなさい」と親に言われて「今しようと思っていたのに！」と怒るという状況によく似ています。「子どものとき」と書きながら，これってかなり年齢を重ねた今でも，同じような理不尽な感情を振り回してしまいそうな自分にも気づいたりするわけですから，若い先生ならなおさらです。

　そういう場合は，「なるほど，あなたはそう考えるんですね。それはそれでわかります。僕の見間違いかもしれないね。ごめんね」と，少し引いて待つことで，妙な軋轢を生まず，それでいてその人の内部でのリフレクションを期待する方法も考えられます。

　わざわざ嫌われるような方法を選ぶ必要はありません。

　客観的に伝える方法を有効化させるためには，特に年度当初に初任者の先生の教室をいろんな場面で見に行くことが必要になります。

　そしてもちろん見に行く目的は，その先生がよく頑張っていること，頑張ろうとしているところを見て励ますことです。

　悪いところを探そうと見に行くと，「まただめ出しされる」「監視しに来た」と，指導やアドバイスが全く届かなくなります。

　あくまでも応援しているというスタンスで見に行き，その上でなお気になったこととして伝えることが大切になります。

## 他の先生の力を借りる方法

　3つ目は，他の先生の力を借りるという方法です。

他の先生の力を借りる，つまり他の先生をモデル化・基準化します。

　初任者と似たタイプの先生を選び，そのいいところを事前に紹介して見学に行ってもらいましょう。

　その先生に「こういうところを見せてほしい」とあらかじめお願いをしておいてもいいかもしれません。

　1時間の授業となると，ただでさえいっぱいいっぱいな若い先生にとっては負担感しか感じられない場合もありますから，「10分だけ見に行ってごらん」などと時間を限定して見に行くことを提案するといいでしょう。

　他の先生をモデル化・基準化することは，自分を客観視することにつながります。

　それまで当たり前だと思っていたことや，正しいと思っていたことに対して疑問をもつようになるのです。

　また意識していなくても，モデルとなる先生の影響を受けたり，感化されたりすることがあります。

　「だめ出しをする」のは方法であり，目的ではありません。

　結果的に成長すれば，方法はなんだってよいのです。

## 職員室からのクレームは金言

　職員室からのクレームは金言です。

　クレームと考えると，やっかいなことのように捉えがちですが，プラスに

変わるきっかけとなるものと捉えることで，初任者や初任者指導の先生にとっての成長につながることもあります。

もちろん，初任者指導の先生も周囲からのクレームがくることでへこみます。通常の業務に加えて，もう一つの仕事を一生懸命やっている上，「おまえの指導が悪い」と言われているのですから。

ただ，そこで来たクレームに対して初任者指導の先生が「すいません。十分指導できていなくて。自分自身も改善したいのでもう少し詳しく教えていただけませんか」と，初任者の目の前でクレームを言ってくれた先生に質問をするのです。

そうすることで，初任者を突き放すのでなく，初任者と初任者指導担当は一緒にいろいろなものごとを解決し成長していく共同体であることを，その姿で伝えていくことができます。

もちろんクレームの中身そのものが妥当ではないこともあります。

ただ，人の数だけ「正しさ」が存在すること，それに対して必ずしも正対しなくてもいいこと，自分にとって有益かどうかを判断し，必要だと考えたら誠実にそれを改善しようとすることを覚えていくのも，教師にとって必要な資質能力だと伝えて，一つ一つ対応していくとよいでしょう。

また，妥当とは言えないクレームに対して，客観的に自分の実践を見直しながら工夫を重ねていくことで，そのときは苦しいものですが，後々自分の成長につながっていることが確認できることもあります。

## ✏ その先生によってリフレクションの在り方は異なる

さて，リフレクションの基本的な在り方は，先生によって異なります。

おそるおそる慎重にやっている先生と，大胆にいろんなことに挑戦している先生では，もちろんリフレクションの在り方は変わってきます。

前者の先生に対しては，前に進む意欲がもてるようなリフレクションが，後者の先生に対しては現在を過去と未来につなげるようなリフレクションが

必要となります。

　「今できているよ」「ここを頑張っているよ」「こういうことができるようになっているよ」と励ますことを中心に伝えるのか，「これまでこうだったよ」「今，こういうことができているよ」，そして「じゃあ次はどういうことができるようになっていたい？」と，その先に意識を向けさせていくのか。

　その先生のタイプによって，こちら側のスタンスを変えていくことは必須です。

　そして，その先生のタイプも最初の頃と，時期が進んでいった頃によって変わってくることも往々にしてあります。

　だからこそ，その先生の様子をよく見て，知っておくことが一番大切になってきます。

## ✏ トラブルはチャンス

　トラブルはチャンスと書くと，初任者のトラブルを喜んでいるように捉えられるかもしれませんが，実際の指導者の心情としては「自分の失敗でもある」と捉えることが多くなります。

　ただ，そういうトラブルがあるからこそ，指導の見直しがしやすくなるということは，多々あります。

　偶然起こる出来事によって，それまでできていなかったことや，いい加減だったこと，よくない行いが顕在化されることがあります。

　何気ない一言，立ち振る舞い，子どもとの関わりなど日常的な積み重ねがなんらかのアクシデントでよくも悪くも，結果として見えるようになるのです。

　だからこそ，次はそれが改善できるように考えていくチャンスなのです。

　それは，そこまで指導し切れていない初任者指導としての振り返りのチャンスでもあります。

#  11 ♣ 社会人としての心構えを伝える

 教員1年目が，社会人デビュー1年目ということも多いでしょう。教員として大事にすることと同時に，社会人としてどのように振る舞うことが大事なのかということも伝えます。

## 🖊 あくまでも初任者であるということ

初任者として働き始めるということは，社会人として働き始めるということです。

アルバイトで働いたことがある，講師として働いたことがある。

そういう社会の入り口に立ったことがある人も多いでしょう。

ただ，それでも欠けている部分や，根本的な部分で勘違いしているところもあるかもしれません。

特に大学を出たての初任者の場合は，「真っ白」な状態だと捉えましょう。

新しい職場についてまだ緊張状態である早い段階で「社会人」としての心構えを伝えましょう。

## 🖊 一番大切な「責任」ということ〜保険をかける〜

一番大切なのは，金銭や働く権利と引き替えに「義務」や「責任」が大きくのしかかるということです。

特に小学校では，教室においては一人がいろいろなことを背負い込まざる

を得ないため，その責任も自分自身で取らないといけないことが多くなります。

　後々それを痛感するできごとに出合う可能性も高いのですが，やはりそれ以前に伝えておいた方がいいことはあります。

　組織で働いている以上は，与えられた仕事をこなすことが大前提であること。

　大人として仕事をするのだから，きちんとした「敬語」を使うこと。

　役職に限らず，キャリアが上の人には敬意を払うこと。

　やりたいことをしていく一方で，それをするためにはしないといけないことがいくつもあること。

　それをしないと，他のだれかが自分の代わりに仕事をしないといけないということ。

　保護者は一緒に子どもを育てていく仲間であるとともに，人として，あるいは「親」としては先輩であるということ。

　また，保護者の中には，自分がサービスを受ける側である意識をもっていることが多く，過剰である必要はないけれど，「お客様」としての意識はある程度もって接することなども伝えておきます。

　このような意識をもつことは，その先生にとって「保険をかける」ことにつながることを確認した上で，伝えていきます。

　つまり社会人としての心構えを伝えておくことは，自分を守るために，そして安定して仕事をする上で大切なことなのです。

　仕事が始まってしまえば，なんとなくそんなことを意識していなくても，それなりに流れていくように感じるかもしれませんが，いざ何かが起こったときに伝えるのでは遅いこともあるのです。

# 12 学校はつながり合って 成り立っていることを教える

 教室では基本的に「一人」で仕事を行うことが多いでしょう。ただ、学校全体はというと、基本的には協働的な作業となります。その全体像と具体を示しておきます。

　学校はいろんなことが複合的につながり合い成り立っています。この項では様々な立場の先生方とつながることについて示していきます。

## 研修でつながる

　初任者指導の「指導」は、一人だけで行うものではありません。

　こと、「研修」と冠がつけば、拠点校指導の先生が一緒に指導してくださります。そして校内研修との絡みを考えれば、校内の研修担当者と相談しながら進めていくことが必要になります。

## 拠点校指導教諭との情報共有

　項目としてあげましたが、実はここについては私自身は全く苦労したことはありません。おそらく大前提として、私がある程度初任者に積極的に関わるようにしはじめた年齢が、それなりに年齢を重ねてからだったことが大きいような気がします。

　ただ、それでもずいぶん気をつけていたことがあります。

　それは、「情報共有」。

現状，学級がどういう状況か。その上でどういう授業を行っているか。本人が何ができて，何ができていないか。どのような意識で働いているか。

　現状だけでなく，拠点校指導教諭が見ていない部分も伝えていきます。

　また，本人のパーソナリティを考慮した上でどのように初任者を育てていくかというような指導の方向性や現状も伝えていきます。

　基本，本人が頑張っていることを伝えていきますが，それでも気になることも伝えていきます。

　拠点校指導の先生も「確かにそうだ」と思えば伝えてくれますし，同じ内容でも人が違えば，伝わらなかったことが伝わることもあります。

　拠点校指導の先生も，その先生の教室を見たり，アドバイスしたり，なかなか手が空くことはないかもしれませんが，それでも隙間を見つけてあれこれ話をするようにしていきます。

　そうやって，拠点校指導の先生と共通の目標と課題意識をもつことは，とても大切だと考えます。

　拠点校指導の先生と話をするためには，日常的にその先生がどう過ごしているかをよく把握しておくことが大切です。

　自分自身も忙しいとは思いますが，それでも隙間をぬって１分でも２分でも教室に足を運び，本人が頑張っている様子を知っておくことがすべての指導の基となるのです。

　ちなみに私は苦労していないと言いつつ，できていないことを指摘されたときは，自分の指導の至らなさを感じ，冷や汗をかくことばかりでした。

## 研究主任とつながる〜校内研修とのリンク〜

　校内研修は学校によって取り組み方が様々で，あまり具体的に述べることができませんが，研究主任と相談しながら初任者研修とリンクさせます。

　特に初任者の授業研修がある場合は，内容をできるだけ重ねて設定したり，初任者には余裕を生むため校内研究のテーマと関係ないテーマで研究授業を

行ったりできるようにしていきましょう。

　研究授業は，特に初任者にとっては客観的な視点からいろいろな意見を得られる貴重な機会となりますので，大切に扱うようにします。

　ただし，大事だから，とあれこれ負担を増やすことは感心しません。

　「働き方改革」を進めるためということもありますが，初任者にとってまず日常をこなしていくことが，かなり大変であることを今一度理解しておきましょう。

　その上で，どう効率的，効果的に研究授業を行うかを考え，研究主任と相談しておくのです。初任者にとって，校内で最大の味方は初任者指導担当です。本人が言いづらいことも，ときには雑談の中から聞き取りつつ，その負担感の中身について他の先生に言葉にして伝えていくことは，初任者指導担当の役割です。

　「大丈夫です」が口癖の頑張りすぎの先生には，「そこまでやらなくても大丈夫」と伝え負担を減らし，もう少し頑張った方がいいと感じる先生には，サポートしつつ，少し負荷をかける指導を行います。ただし，いくら観察して表面上の仕事ぶりはわかっていても，心の中まではわかりません。

　動きが悪いなと感じても，頭の中で考えすぎていっぱいいっぱいになっているために「動けない」ケースもよく見られます。そういう背景も考えながら，初任者指導の先生はどう研究授業に向き合うかを考えていく必要があります。ちなみに，私はその年度は研究主任だったため，この連携は必要ありませんでした。

## 他の先生とつなぐ

　初任者指導担当には，他の先生との連携を行うというコーディネーターとしての役割があります。

　初年度は，指導するべきことがいくつかありますが，校内の校務分掌担当に，事前にお願いして話をしてもらいます。

教務主任，生徒指導担当，人権教育担当，特別支援教育コーディネーター，養護教諭など，学校の状況を考えながら，必要な校務分掌をピックアップして，話をしてもらうようにします。

　授業や学級経営の様子も見に行けるようにコーディネートします。

　初任者がどの順番で見に行くかは，担当者が意図的に決めていきます。

　その人のパーソナリティの上に，どのような教師になりたいかという願い，その人の受け入れられるタイミングなども考慮します。

　最初は，「基準」や「モデル」になるうる先生にお願いします。

　忙しいかもしれないけれど，年度はじめに見ておくことで，いくつかの選択肢をもちながら1年間の学級経営のスタートを切ることができます。

　そのあと，徐々に他の先生方の授業を見に行くようにします。

　授業見学のコーディネートの際，もちろん管理職に確認の上，始めに見てもらいたい先生に事前に打診をしておくと，スムーズに話が進みます。

　その上で，全体に対して授業見学を徐々に行っていくことを伝えます。

　可能ならば，その教室や授業で何を特に見てほしいかというポイントをいくつか示しておくとよいでしょう。

　「子どもとの関わり方が優しい先生です」「授業の組み立てが上手です」「わかりやすい板書を書かれます」など，いいところをピックアップし，それを見てもらうことで，いろいろな先生の「いいところ」を，自分なりに取り入れることができます。

　校務分掌の説明でも，授業見学でも同様に，初任者には「必ず質問を一つはすること」と伝えておきます。

　これは，より真剣に見たり，聞いたりしてもらうという目的だけではなく，質問することにより，教える，教えられる関係性を増やしていくことが目的です。そうして，ここでも初任者を取り巻く「頼り，頼られる関係」を広げていくのです。

　初任者にとっての初任校は特別であるように，周囲の先生にとっても初任者は特別です。口に出さなくても，協力したい，いろいろと教えてあげたい

と考える先生は多いはずです。

　逆に，２校目，３校目となると，多くの場合，それなりに前任校で教えてもらいキャリアを積んでいると考え，助言したり，自分の授業を見せたりすることを躊躇することが多くなります。

　初任校だからこそ，「先輩たち」がいろいろなことを教え，提示することができます。だからこそ，本人や教えてくれる先生と相談しながら積極的にスケジュールを組み，話を聞いたり，授業や教室を見に行けたりするようにしましょう。

　そうして，話を聞いたり，授業を見たりしたあとに，簡単なリフレクションを行うと，より学んだことを整理して理解できるようになります。

　ＯＪＴの重要さはしばしばいろいろなところで言われますが，それは公式な会議や研修よりも，日常的な関わりの中で学び合う方がより即時的であり，現実的であることが多いからです。そして，初任者がいるからこそ，ＯＪＴはやりやすくなり，全教職員にとって大きな学びがあると感じます。

## ✏️ 初任者指導担当とはつながらない？〜自分の授業を見せる功罪〜

　ここまで他の先生の話を聞いたり，授業を見に行ったりすることについて書きましたが，初任者指導の先生の授業を見せるかどうかは，少し別の問題だと思います。

　初任者に対して見せたい授業は３つに分類されます。

　一つは，模範となる「よい」授業。

　次に，本流ではないけれど，「面白い」授業。

　そして，最後の一つは「うまくいっていない」授業。

　私が初任者指導担当のときに，初任者に見せた授業はまさしく「うまくいっていない」授業でした。

　「あー，先生は困っているぞー」と，あれこれ工夫しつつ，それでも子どもたちがガチャガチャしている授業。

なぜ「うまくいっていない」授業を見せるのかと不思議に思う方もおられるかもしれません。

　初任者によっては，最初の理想と比べ「自分は，なんてだめなんだろう」と自信を失っているケースがあります。

　学校事情で，難易度が高いクラスをもっているケースもあります。

　そんな自信の無い状態の先生に，「ほら，俺はすごいだろう」なんて授業をすることで，だれが得をするのでしょう。

　少なくとも，授業者の（中途半端な）鼻が伸びて，初任者の先生の心を折るくらいのことです。

　「あれこれ偉そうに言っているけど，最初はなかなか思うようにいかないんだよね」と言いつつ，それでも粘り強く子どもと関わり授業をつくろうとしている姿。そしてその後の展望を示すこと。そういう泥臭い姿を見てもらうのが，その人にとって一番必要なことだという場合もあります。

　もし，初任者指導の先生が見せるとしたら，パッケージとしての1時間の授業を見せるだけでなく，年間を通して，子どもや学級の成長が見える形で授業を見せたいと考えます。

　逆に自信満々なまま，教師としてのスタートを切ることができる場合もあります。与えられた教室がやりやすかったために，「なんだ，やっぱり簡単じゃないか。自分って，すごい」と勘違いしてしまっているケース。

　そういう場合は，事前に調整して「すごそう」な授業をバンと見せた方がいいときもあります。一目はおかなくても，「まだ先があるぞ」と感じてもらえれば十分です。

　そうすることでやっと指導が入り始めることもあります。

　センスも指導力もあり，謙虚さも併せもっている初任者もいます。

　そういう場合は，後で理論や背景を語ることができる「よい」授業を行うこともあります。

　高い山に登ることを知らないまま，学校の仕事に興味を失ってしまった若い先生の話を聞くことがあります。

授業や学級のつくり方は多様であり，追究すれば追究するほど，奥が深く，面白いものです。その入り口に立たせることによって，「授業って楽しそうだな」と意欲をもつことがあるのです。

　その初任者によって，そしてそのタイミングによって，見せたい授業は変わります。

　初任者指導担当がかなり意図的に授業を見せるなら，このように初任者に合わせた授業の見せ方をすることが必要です。

　ちなみに私は同じ先生の授業を何度か見に行くように指示することはありましたが，自分の「よい」授業は，ほぼ見せることはありませんでした。

　本人に，私の授業や学級経営が「合っている」と思えなかったからです。

　初任者が参考にしたらいいと思える授業をしていなかったのです。少し偉そうな言い方をすれば，初任者がするような授業や学級経営ではなく，また見てわかる，説明してわかるレベルの授業はしていませんでした。

　もうひとつは，仮に「少し上（に見える）」学級経営や，授業を見せることができたとしても，していませんでした。

　私のしていることは，その先生にとって目指すべき授業や学級経営ではないと考えていました（私の行っている授業は一見普通に見えて，異色であるということが大きいためです。自分でいうのも何ですが，場合によっては，専門性が高すぎることもありました。いわゆる，「尖った」実践をするタイプです）。

　また，初任者にとって一番身近な先輩であるが故に，影響を受けてもらいたくなかったのです。

　大事なことなので何度も書きますが，初任者指導で大事なことは「自分のコピーをつくろうとしない」ことです。

　「先生，すごいですね」「先生のようにできるようになりたいです」なんて言わせてはいけないとすら思っています。

　だから，その代わり，その先生にとって「同じ方向」（のずっと先）にいる先生の授業を何度か見に行ってもらいました。

数年経ち，その先生はやっぱりそういう先生になっていきました。

私自身は，「ああ，僕のような先生にならなくて本当によかったねぇ。○○先生のようになってきたねぇ」と言うと，本人は笑っていましたが。

 ## 事務的な手続きは管理職や事務の先生と

初任者研修では，事務的な手続きが必要な場合がいくつもあります。

都道府県や所轄の教育委員会によって違いがあり，混乱につながる可能性があるのでここで具体的に触れることはしません。

ただし，多かれ少なかれそのような仕事もあるはずです。

研修の申し込み，拠点校指導の先生が来られる日にちの設定等，事務的な仕事，渉外的な仕事も初任者を取り巻く仕事としては存在します。

初任者指導担当の仕事ではないかもしれませんが，可能な範囲で全体像をつかみ，だれがどの仕事をするのかを確認しておくと，スムーズに指導が進んでいくと思います。

 ## 養護の先生とつながる

初任者のメンタル面に少し注意を払っておきましょう。

4月当初，ゴールデンウィーク明け，夏休み明けの時期。また学級や職員室の状況がよくない場合。

その先生にとって，相談できると感じた先生がいて，愚痴をこぼしたり，悩みを吐露したり，相談したりすることができればどの立場の先生でもいいのですが，そういう先生がいるかどうかを気にしておきます。

もちろん，初任者指導担当が相談に乗る場合もありますが，養護の先生にある程度メンタル面での知識があれば，ときどき気にかけてもらうようにしましょう。養護の先生の役割としては，子どもたちの健康と安全だけでなく，教職員の健康安全も含まれています。

# ♣ 13 他の教員とどのように つながっていけばいいのか

仕事上で他の先生とつながっていくことは大切です。ただ，案外若い先生が助かったと感じるのは，それとは少し違った文脈でつながっていくことかもしれません。

## ✎ 仕事上の関わりや分掌とは違う文脈でつながる

　前項では仕事上のいろいろな形で他の先生とのつながりをつくっていくことの大切さやその方法について書いてきました。

　ただ，学校現場ではそういう仕事上の関わりや分掌（あえて分けました）とは違う文脈でつながることもあり，そのつながりが大きな意味をもつこともたくさんあります。

　ふと，職員室を見渡してみてください。

　学校には性別も年齢層も，性格も異なる先生方がたくさんいます。

　同性のベテランの先生に相談しやすいということもあると思います。

　「教育」という文脈から少し離れた立場の職員の方々（例えば校務員さんや，給食の先生）との雑談でほっとするということもあるでしょう。

　気が合う先生に出会うこともあるかもしれません。

　「先生」としてのモデルとしてだけでなく，例えば，同性のベテランの先生方が，生活を含めた未来像のモデルとなることがあります。仕事の正しさという文脈から外れて，ただ愚痴をこぼし合える先生に助けてもらえることもあるでしょう。

そう考えると，例えば女性の若い先生にとって，私のような年を取った男性の先生は，なんの役に立たないかもしれません（笑）

ただそれは，私だけの話ではなくだれにとっても同じことです。

一人で何もかもまかないきれる訳はありません。

だから，初任者を抱え込まないで，いろんな先生につなげていくことが必要になってくるのです。

若い先生方は，まず若い先生方同士がつながることで安心する面があります。例えば，若い先生同士でご飯を食べに行ったり，遊びに行ったりすることで，仕事自体を頑張れるところがあります。

また，ちょっと先輩だから伝えたいことと知りたいことが一致して，教えてもらいやすいということもあります。

以下，若手だから授業や学級経営の実践について交流し合えるということについて書いていきます。

## 若手同士で日常の実践や授業でつながる

これまで書いたように，若手や中堅同士の実践交流の話は噛み合いやすくなります。

必ずしもその先生の課題と本質的な成長と一致するわけではないのですが，若手の先生が一番教えてもらいたい内容を知っていて，そこに面白さを見いだしているのは，その先生たちのちょっと上の年代の先生方なのです。

具体的に言えば，ネタとか方法とかイベントとか，小道具とかなどの超具体的な実践です。

そこに対して，例えば「よい児童対応」「よい教科指導」などという「正しさ」が前面に出ている情報は，実はそれほど若い先生方は欲していません。

そこにディスコミュニケーションが生まれるのです。

だからといって「専門職」としてスタートした先生方に，それを伝えなくてよいわけではありません。

だから初任者指導担当は伝えることの多くが、教職として「正しい」と考えられることが中心となる一方で、そうでないことも伝えていく必要があるのです。

　しかし、それを一人で行うことはほぼ無理だと言えるでしょう。

　私はいろんな場で「それは、○○先生が得意だから聞いてごらん」とか、「△△先生の授業を見に行ってごらん」と伝えることが多くありました。

## 日常の授業で意図的につなげる

　教師の共通の話題と言えば「子ども」と「授業」です。

　初任者の「教えてください」「見せてください」は、ほとんどの場合好意的に受け止められます。

　もちろん受け取る方にも負担感を感じさせることにはつながりますから、事前にお願いをしておくのは大切です。相談しながら、計画として立案し、スケジュール化しておくとよりよいでしょう。

　そういう取り組みをしていると、他にも一緒に授業を見に行ってくれる先生が現れることがあります。

　そうやって1時間の授業をどうするかを学ぶとともに、一緒に授業や学級経営の話ができる「仲間」を増やしていくのです。

　授業を見せてもらう依頼をする上で大事なのは、「見せる授業のハードルを下げる」ことです。

　「初任者は、研究授業のような『よい授業』ができなくて悩んでいるのではなく、日常のなんでもない授業をどうするかということで悩んでいることが多いのです。だから、あまりあれこれ準備しないで、普通の授業を見せてください。力が入っていない『流している授業』もあるでしょう。そういう授業こそ、ものすごく役に立つケースもあります。なので、本当に日常の授業を見せてください。ちなみに、私は先日、子どもたちが全く言うことを聞

かないでわーわーなっていた授業を見てもらいました。本人はちょっと安心したみたいです。みなさんもあまり頑張らないで，毎日普通にしている授業を見せてください」

　このように伝え，全体にお願いした後に，その先生方の強みや興味を理解した上で個々にさらにお願いをしに行くのです。

　ここまで書くとおわかりでしょうが，初任者をつなげることは，まず自分自身がつながること，そして初任者研修を通してつながっていくことが大事だと考えられるでしょう。
　授業を一緒に考えることも初任者にとっては有益です。

# 3章 授業のつくり方と関係づくりの指導

#  01 ♣ 授業のつくり方①〜授業とは何か〜

 初任者にとって関心が高いのは授業です。また，1日の中で一番時間が長いのが授業時間です。授業に対する基本的な考え方を教えていくことは，最重要だと考えます。

## ✎ 授業のつくり方

　初任者にとって不安を感じているのは，学級経営と授業です。

　特に授業は，いつも「どうやったらよい授業ができるのか」と考えています。そして，日常的な授業づくりの基礎を計画的，系統的に，その学校にあったやり方で教えられるのは，初任者指導担当だけです。

　子どもや地域によって，授業のつくり方，そもそもの授業の在り方は変わってきます。

　だからこそ，まず現場としての授業のつくり方を，そしてその上での汎用的な授業の在り方を伝えていく必要があるのです。

　最初に，授業の大まかな枠組みを示します。

　私が初任者の先生に提示したのは，右ページの文書です。

　見ていただくとわかるように，様々なパターンの授業を示しています。

　こと1年目と考えると，都道府県や地域の教育委員会が推奨しているパターンの授業があるので，まずそれを基本と考え示すようにします。

　ある程度型にはまったものが提示されていることも多いのですが，初任者にとっては1つのアウトラインとして機能しますし，面白い授業やよくわか

る授業にならなくても，授業としては大きく破綻しない可能性が高いのです。また，重要なのは，初任者指導で教育委員会が訪問することがあるということです。つまり，ある程度の型にはまった授業を見に来て，「うん，うん，この先生はやっていけそうだな。よく頑張っているな」と感じてもらうことは，後々のことを考えても，メリットがあります。

　いくらよい授業でも，少し変わった，尖った授業をある程度「公的な場」で提示することは，特に初任者では評価されづらく，逆に指導の対象になる場合があります。

　もし，そういう授業がしたければ，別の場でする方が自分の実践を進める上でも余計な邪魔をされずにすみます。

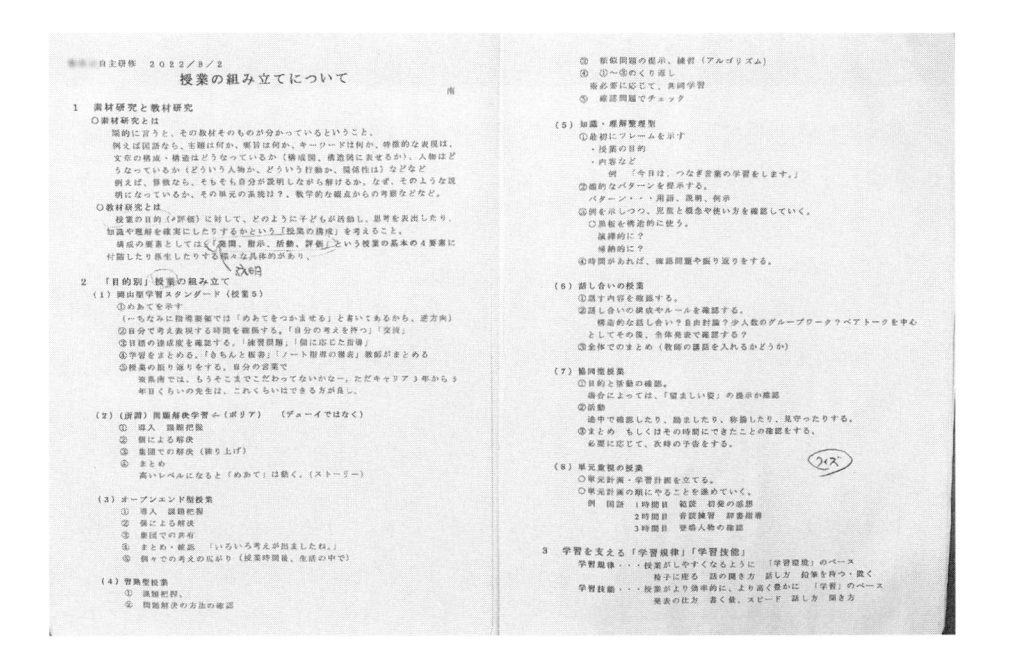

#  02 授業のつくり方②〜授業研究〜

 授業を行う上で，計画を立てることは大切です。その中心となるのは「授業研究」です。その「授業研究」の方法を伝えていくことも，指導者の大切な役割です。

## 授業研究を行う

　実際に授業を見て，それに対して初任者と一緒に授業をよりよくしていく「授業研究」は必須です。

　私の場合，特に1学期は空いている時間は極力初任者の教室を覗くようにしていました。

　見に行く時間を取るのがすごく困難なときもありますが，そういうときは，ビデオを活用します。ビデオでは不十分な面もありますが，見ると見ないのは大違いです。

　少なくとも，「あなたの授業に関心をもっているよ」と間接的に伝えることにつながります。

　直接見るよりもビデオの方が情報量が少ないのですが，他の先生も一緒に授業ビデオを見ることもでき，違う視点からのアドバイスを得られることもあります。また，その動画を残しておくことで，何ヶ月か経ったときにその先生の成長を感じられるかもしれません。

　そう考えると，ビデオで授業を録画して見ることも，それなりに意味があることがわかるでしょう。

## 授業ノート

授業研究充実のために，授業ノートが大切な役割を果たします。

　もちろん授業ノートをつくっていない先生方がたくさんおられるのは知っています。授業がうまい先生方が全員授業ノートをつくっている訳ではないことも知っています。

　ただ，偏った考え方だとわかった上で書きますが，日常的に授業ノートを書く癖がついているかどうかで，数年先の授業のうまさ（そして学級経営のうまさ，校務分掌の確実さ）は変わってくると考えています。

　私の狭い経験の中でのできごとに過ぎないかもしれませんが，生徒指導で何度も修羅場をくぐってきたタイプの先生方は授業ノートをつくっていたことが多かったです。

　もちろん，自分の状況や家庭の状況によってそれがままならない日もあるでしょう。ただ，「授業ノートを書く」という選択肢があるということは教えておきたいものです。

　授業ノートと言っても，その日にすることを簡単に書くだけでもいいのです。子どもの様子を思い浮かべ，ある程度の計画を確認する。可能ならば，その意図を考え，書き留める。

それを日常的に行う。

その上で，一緒につくる授業では，その授業ノートを基にして話をするようにします。

では，どんなことをノートに書けばいいのでしょうか。

①意図
②子どもの様子
③授業のめあて（何のためにその授業をするのか）
④授業の流れ
⑤主な指導言（説明や指示）と発問
⑥予想される子どもの反応や発言とその対応
⑦評価（何ができればよいのか。授業のゴールイメージ）

どうしても書いて欲しいのは，④だけです。

それも，単にメモの形でよいと思います。

これが例え略案（その1時間の授業の流れだけを示しているもの）であろうが，ある程度きちんとした形にパソコンを使ってつくるのはかなり負担感が大きいのです。何しろ初任者は忙しい。

メモに書いてあることでわからなければ，尋ねればいいし，そもそも本人がそのメモを基にして話せば，こちらは見る必要はないのです。

あとは，その流れを追う形で意図や背景を尋ね，肉付けしていけばよいと思います。

知りたいのは，最初に考えていた授業の流れ（④）と，その意図（①）。そのときの判断です。

ただ，ある程度余裕がある，逆に授業がうまくいかなくて悩んでいる場合は，⑤と⑥も書くように助言します。

ある年のこと，初任者指導担当がつかない講師の先生が「授業がうまくいかない」と教えてくれました。

話を聞きながらその先生が書いている授業ノートを見ました。

　「あれ，これ教えたい内容だけ考えていて，子どもがどう動くか，どう動いたらいいかを考えてないぞ」と感じました。

　そこで，授業の基本的な組み立てを教えました。

　授業は，大きい活動も，小さい活動も，下のような4つのパーツでできています。

---

①説明
②指示
③活動
④評価

---

　小さな活動で言えば，

---

①説明：「これから，○番の問題を解きます」
②指示：「問題が書けたら，手を挙げます」
③活動：書いて，手を挙げる
④評価：「よく書けましたね」

---

　大きな活動でも同様で，活動の時間が長くなるだけです。

　このような例を出し，それまで毎日書いていた授業ノートに，教える内容（教師の説明部分）だけでなく，指示や子どもの活動をその授業のメインである活動の部分だけでも書くようにアドバイスしました。

　その後，一緒に1時間分だけ授業をつくってみました。

　次の日，「先生，今日は授業がうまくいきました。面白かったです」と嬉しそうに伝えてくれました。

　特に子どもの活動をどうするかを想定したことが，その先生にとってはよかったようです。

書く項目を意識することは，自分の授業行為や子どもの姿を意識することにつながります。

　このようなアウトラインを若い先生方に提示することは，授業に対する考え方そのものを大きく変える可能性があります。

　そして，そのベースは授業ノートなのです。

　上に書いたようなことも，彼がそれまでに授業ノートを書いていたからこそできたことです。

　ノートを媒介にした動きは時に広がりを見せ，先生の日常を救うことがあります。

　もちろん私も毎年授業ノートをつくっています。

　年によっては，10月くらいからその日の授業予定しか書かない（書けない）こともありますが，必ずその年の授業ノートをつくるようにしています。

　そして，自分が初任者指導担当ではなくても初任者が学校にいるときは，いつもより少し詳しく書くようにしています。

　その授業ノートを初任者と2人で見せ合って，ああでもないこうでもないと話していると，他の先生が話に入って来やすくなります。

　それは初任者を孤立させない場をつくることにつながります。

　相談できる人がたくさんいることは，その先生の助けとなります。

　また，そういう場に寄ってくる先生は，高確率で自分もノートを書いています。

　「先生のノートも○○さんに見せてくれない？」というと，「いいですよ」と快く見せてくれ，時に何人も見せに来てくれることがあります。

　そうやって，授業や学級経営を話題にしてあれこれ話をするのは，職員室の中で楽しいと感じられることです。そして「すごい先生」と思っている先輩も交えて，お互いに悩みや苦しさを打ち明けながら「教師としての仕事の輪」をつくっていくことは，その先生にとって非常に価値があります。そして，職員室のよりよい雰囲気づくりにもつながることがあります。

　授業ノートという名前ですが，書くのは授業だけでなく，生徒指導や学級

経営のことも書きます。

　計画的，構成的にものごとを考える癖がつき，思いつきであれこれやって失敗することをかなりの確率で防ぎます。行き当たりばったりが癖になって，ギャンブルのような学級経営や授業にならないように，意図や計画を子どもの姿や1日のルーティンを頭に思い浮かべ書き綴っていくことは，その先生の思考スタイルを育てていくことにもつながります。

　単に「やりなさい」と言ってやらせるのは，かなり難しいかもしれません。しかし，自分でやって提案することで，取り組みやすくなり，その先に豊かな未来が待っているかもしれません。

　どうしてもしたくないという先生がいるかもしれません。

　だからこそ，それでも自分のノートをつくり，それを提示することの意味があります。

　「やりなさい」という命令ではなく，選択肢を示す。

　そして，その先生がもう少しうまく仕事を進めたいと考えたり，なかなか授業や学級経営がうまくいかないと考えたりしたときに，ふとそのノートのことを思い出してくれたら，もしかしたらその先生をいつか助けることがあるかもしれません。

## 一緒に授業をつくる

　これはもし可能ならという話ですが，初任者の授業を一緒に考えていくということも考えられます。

　教材がどうだ，何が大事だ，子どもの様子からこれはできる，できない，もっとこんな活動を入れてみる。

　こうしなさいではなく，自分だったらこうしてみるかなというスタンスで一緒に授業をつくることで得られる学びは多いでしょう。

　それは，初任者にとっても，初任者指導担当にとっても。

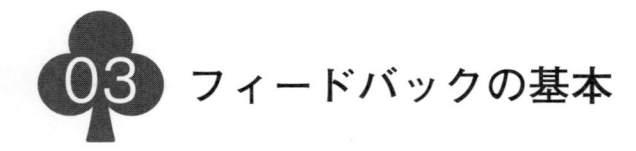

# 03 フィードバックの基本

しばしば授業を行うことに対して「指導と評価の一体化」と言われます。では，それは子どもに対する授業だけのものなのでしょうか。

## ✏ フィードバックは肯定的に

初任者に向けてのフィードバックは肯定的に捉えることが基本です。

「○○がよかった」「ここはさすがだった」「どうしてああいう対応ができたの」「にこにこ笑っているから，頑張れている子がいる」「一生懸命さが伝わっている子が何人もいる」

45分の中で，全くいいところがない授業にお目にかかったことはありません。もちろん，レベルを上げて見れば，悪いところしか目につかないこともあるでしょう。

しかし，「先生はよく頑張っている」と励ますことが，初任者指導におけるフィードバックの本質です。

肯定的に見ていることを伝えた上で，「これはこうした方がいいかもしれない」と具体的な方法として伝えます。考え方や背景，理論も伝えてもよいのですが，一番大事なのは，具体的な方策です。

20代から30代前半の先生が一番知りたいのは，具体的な方法やネタです。考え方や理論ではありません。

40代から50代にかけて興味の中心は変わっていきますが，20代，30代の前

半の先生は間違いなく，具体を知りたがっています。

　逆にいえば，ネタや技術を伝えないならば，それはその先生にとってはあまり意味のないフィードバックになりかねないということです。

　しかし，うまくいかないこともあります。フィードバックでもそこに触れなければ，本人も納得しません。

　その場合役に立つのは授業ノート。日常的に「授業はなかなか思ったようにはいかない」という状況の中に身を置くことが，役に立ちます。

　意図も計画もない「うまくいかないよね」は単なる愚痴に終わり，次につながりづらいことが多いです（ときには単なる愚痴のこぼし合いも心の健康を保つために必要なこともあります）。

　ただ，それでも前提として「必ずしもうまくいくわけではない」ということは，口先ではなく同じ「プレーヤー」として，共通意識としてもっておきたいと思います。

　それは，「指導」ではなく，対等な立場で話をするためです。

　その上で「こうしたらうまくいくんじゃないかな」「こういうネタがあるよ」と話をしていくことが，その先生のヒントとなります。

　その上でする「評価」は意味があると思います。

　毎日の授業が「本番」であると同時に，すぐ来る「再挑戦」の場です。

　今日はうまくいった。なぜうまくいった。何がよかった。

　今日はうまくいかなかった。何がうまくいかなかった。どうすればよかった。じゃあ次はどうする。

　そういうことを一緒に考えることが，意味のあるフィードバックだと思います。

 # 04 基礎的な授業の技術を教える

 何事にも「基礎」があります。よい授業はほとんどの場合，しっかりした教師の基礎技術によって成り立っています。では，その基礎とはどんなものなのでしょうか。

##  授業の技術

初任者は「よい授業」をしようと考えています。

ただ，大学で学んだような「よい授業」を日常的に行うことは困難です。

教師自身が基本的な授業の技術を知っていることは，「よい授業の中身や流し方」を考えるより，コストパフォーマンスが高く，継続してある程度よい授業を行っていく上で大きく役に立ちます。

本項では基本的な授業の技術について示していきます。

## 説明→発問→指示→活動→評価

授業は「説明→発問→指示→活動→評価」で成り立っています。教える内容だけを考えるのではなく，それぞれの項目について考える癖をつけていくことが必要なのです。

すべての授業でそれを行うことは，かなり負担が大きいので1日に1教科でよいので行うことを提案します。

初めの段階ではいっぱいいっぱいでそんな提案は受け入れられないかもし

れません。初任者がうまくいっていないと感じたときに，「例えばさ……」と言いながら，上のような型があるということを伝えると受け入れられやすいかもしれません。

個人的には，「活動」を考えることが最も大切だと感じています。

教える内容はもちろん考えているはずです。だからこそ，それを「どんな活動」に転化していくかが，子どもたちにとって「面白い」と感じる授業の入り口となるのではないかと考えます。

## ✎ 流れを示す　終わりまで示す

授業では流れを示すことも大切です。支援が必要な子に対しては，その時間に何をするかを示しておいた方がよい場合があります。

子どもによっては，いつ終わるのかわかりづらい場合があり，それでいらいらしていたり，不安を感じていたりする場合があります。

だから，授業では，数字を書き流れを示したり，何をしたら終わりかを伝えたりすることが必要となります。

同じ流れで授業を進めていくことも，流れや終わりを伝えていることと同じ効果をもつので見通しが立ちやすくなります。

## ✎ 指示と説明の技術

初任者にとってとても大切なのは，「立つ位置」です。

どこに立っているかで見え方が変わり，得ることができる情報量が変わります。その位置を伝えることはある意味必須だと考えます。

実際に教室に立ってもらうと，その意味がよく伝わります（86ページ参照）。

## 05 学習規律と学習技能

初任者は「よい授業」がしたいと考えています。ただ，その土台にある学習規律や学習技能については，気づいていないことも多いのです。

### ✎ 学習規律と学習技能

　授業を見ていて「いいクラス」だと感じるクラスは，教師の意図に沿った「学習規律」が整っていることがほとんどです。そして，「よくできるクラスだ」と感じるクラスは，学習技能が育っているクラスです。

　最初から「いいクラス」「できるクラス」も存在するのかもしれませんが，基本的にはだんだんと「いいクラス」「できるクラス」に育っていくのです。

　稀に「こんな子どもたちはおかしい」と感じる若い先生もいると聞きます。

　教育実習では，ある程度「育った」クラスに入って実習を行っているので，ある意味では無理からぬところもあるかもしれません。

　ただ，実際はそうなるように，教師が意図的に育てて，そして鍛えているからそうなっていることを，そして教師の力によって子どもたちは変わる可能性があるのだということを伝える方がよいでしょう。

### ✎ 学習規律は最初から

　初任者指導の先生にとって，ここから書くことは不要なことかもしれませ

んが，念のためにいくつか例を示しておきます。

「『はい』と返事をする」

「手を挙げる」

「下敷きをしく」

「必要なもの以外は机の上に出さない」

「座り方」

学習規律は言い換えれば，「授業のときのルール」です。

「ルール」はできれば，最初から示しておいた方が，子どもたちも抵抗感が少なく，行動しやすいのです。そして，この先生の授業では，こういうルールがあるのだと子どもたちは最初の段階で認識します。

これは途中からだと，少し難しくなってくるので初任者にも早い段階で伝え，具体的にルールを伝える方法や少しずつ定着させていく方法などを伝えておきましょう。

## 学習技能は少しずつ

その一方で，学習技能はそれほど急ぎません。

学習技能とは，「書く力」や「文章を読む力」「話す力」「発表する力」「話し合う力」，そして「聞く力」です。

優先順位を付けるとすれば，間違いなく「聞く力」なのですが，その力を育てたり，鍛えたりするためには，根気よく時間をかけて指導していくことが必須です。そして，最初はできていても，その力を使ってさらに育てていこうとしなければ，徐々に失われていくことも多いです。

ただ，学習規律を鍛えることと比べて，少しゆっくりスタートしてもいいので，初任者と教室の様子を見ながら具体的な方法を，その時々の授業と組み合わせて少しずつ教えていけばよいでしょう。

# 06 話し方・声の出し方を指導する

基本的に子どもたちに対しての指導は、「話すこと」が中心となります。話し方や声の出し方もどこかでチャンスがあれば示しておくとよいでしょう。

## 「話し方」は教師の基本技術

日常のおしゃべりと違い、子どもたちに必要なことを「話す」ことには、ある程度の技術や理解が必要となってきます。

また、話し方の上手下手で、子どもたちの話の聴き方が大きく変わっていくため、実は重要な技術だと考えます。

## 効果的な「話し方」の具体的な方法

話し方と一言で言っても、非常に多くの技術が含まれています。

声の出し方、間、表情、態度、タイミングなど、その多くを伝えることはできません。

ですので、最初に必要な基本的なことだけ指導します。

例えば声の出し方。

大小、高低、強弱、速い遅いの4種類の使い分けができれば、より伝わりやすい話し方になります。

大きければいいというものでもなく、小さい声だからこそ伝わることもあ

ります。

　場によって正解はありますが，その選択肢を知っているか，知らないかは大きいのです。

　「言葉を絞る」ことは伝えるための最重要事項です。

　丁寧に伝えることが正しいと考えている初任者も多いのですが，実際は短い言葉をつないで伝える方が伝わりやすいのです。

　時にはキーワードだけ話す。それが最適解であることも多いのです。

　また「間」やタイミングも大事です。

　話を聞かせたいなら，子どもたちのおしゃべりにかぶせて話さないというのも，基本的な技術です。

　「話す」上で大事な「待つ」技術も伝えます。

　このように，ここに書いた基本的なことだけでも，かなりたくさんあることがわかると思います。

　だから，必要なときに一つ一つ伝えていきます。話し手と聞き手では捉え方が異なるので，実際に初任者に聞き手になってもらい，やって見せながら伝えていくと理解しやすいと思います。

　もしかしたら場に応じた応用的な指導の仕方から入っていった方がいいかもしれませんが，それでも基本的なことは１年間の中のどこかで伝えられるのが望ましいと思います。

　授業について話をしていく中で，例えば「最初の課題提示のときに，どう話す？」と投げかけて，その内容だけでなく話し方にも言及するのは自然な方法かもしれません。

　こういう技術的なことを伝える度に思うのが，自分自身が基礎基本に立ち返ることができるということです。

　初任者に伝えながら，自分でも今一度「話し方」について考えてみることで，教師としてレベルアップできると思います。

【参考文献】
・多賀一郎・佐藤隆史『ＡＬ時代でも必要な教育技術シリーズ　教師の話し方』学事出版，2019年

# 07 「立ち位置」の指導をする

子どもたちが見えていないと感じる最大の原因は「立っている位置」。最初から意識できていることも稀にありますが、やはり意図的に教えていく必要があると感じます。

## ✎ どこに立っているかは，実はすごく重要

　子ども集団を相手にする仕事をする上で，実はかなり重要なのが「どこに立っているか」です。

　基本的に私たちの仕事は，子どもたちをよく観察して，その様子に合わせて何をするかが重要となります。ただ，若手の先生に限らず，立ち位置が悪いと感じることが多いのです。

　どこに立っているかで，見えるものは違います。

　どこに立っていようとしているかで，その先生が何を見て，何を指導しようとしているかが見えます。

　そして，見えない場所に立っているから，「見えてない」。

　私が初任者を「抱え込む」場面がいくつかあります。

　その中の1つが立ち位置の指導です。

　最初は一緒に観る（子どもの見方を教える）ようにします。

　教室での指導だけでなく，全体指導のときに「どこに立っているか」で，いろいろなものが変わってきます。

　位置の指導は感覚的な部分も多いのですが，だからこそ「一緒にいて」何

が見えるのか，何が見えなくなるのか，何を見るのか，どう対応するのか，などを教えていくようにします。

　ちょっと毒を吐くと，おしゃべりをすることに夢中になって子どもから目を離してしまう先生方もおられます。

　そういう先生方は，自分のおしゃべり仲間を探して，どんどんおしゃべりの輪を広げようとすることがあります。

　おしゃべり仲間と認定されると，日中もあれこれしゃべりかけられ続けることにつながることも少なくありませんし，「この人は子どもを見ない人」と認識されると，「自分の学級以外の子も含めて子どもを見て，対応しようとしている先生」にとってはスタンスの異なる先生として捉えられ，本来ならあれこれ教えてもらえる機会を失ってしまいます。

　立ち位置の指導はいろんな意味を含んでいます。

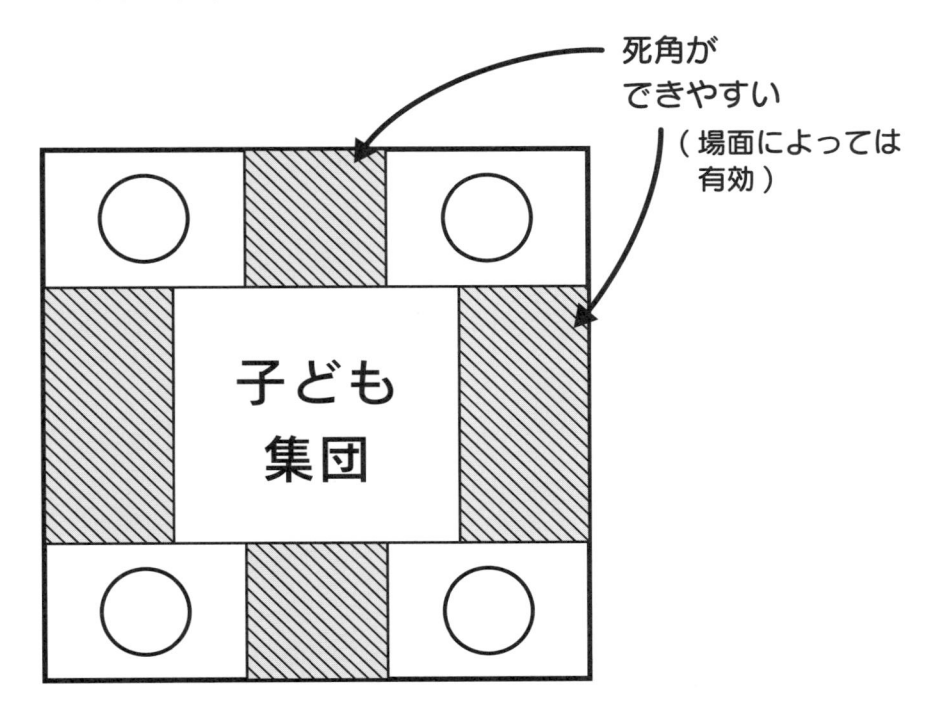

# 08 研究授業を一緒につくる

研究授業はいくつかある「イベント」の中でも，初任者にとって負荷のかかるイベントの１つです。目的や進め方を共有しながら一緒につくっていきましょう。

## 🖊 指導案

　初任者にとって，おそらくどの都道府県でも避けて通れないのが「研究授業」です。私自身「授業をするのが教員の最大の仕事」だと考えており，賛否があるのは承知の上で，それでも研究授業に向けて「指導案」を書くことは大事だと考えています。

　指導案があるからこそ，授業の背景まで含めて共有でき，初めて授業の全体像を吟味できると考えているからです。

　また，指導案を書くことを通して，見えるものが見えるようになったり，見えていないことに気づいたりすることはたくさんあります。

　まず「見る人がどう考えるか」を基準として考えるようになります（授業の客観性を担保する）。

　初任者研修での研究授業の主な目的は「一生懸命やっている」「頑張っている」「なんとかやっていけそうだ」ということを確認するためです。

　もちろん，よりよい授業の方が望ましいですが，初任者の授業を見にくる人たちは，それを求めていません。

　その上で，初任者が授業をつくる上で一番大切にしたいのは，①児童像，

②その授業の理解（単元観，授業観，留意点），③実際の授業の流れ（本事案）の３つです。

新卒なら大学の授業での経験があったり，講師経験のある先生なら前任校である程度指導案を書き慣れていたりする場合もあります。その場合は，まず書いてもらってからアドバイスをするようにします。しかし通常なら，最初に教科書を見ながら，先に示した①②③について話し大まかな授業の流れを考えていくのがよいでしょう。

①②③と書きましたが，基本的に③を中心に考えた方が話しやすいと思います。その上で，①や②について付け足したり，①や②を考えて修正を書けたりする方が初任者の思考としては自然です。

研究授業の負担感の大きさは，特に指導案を書くことそのものにあると感じます。だから私の場合は，一緒に書くことがしばしばあります。指導案は指導案の文章の作法があり，それは一般的なものではありません。専門的な分野のことだから，それは

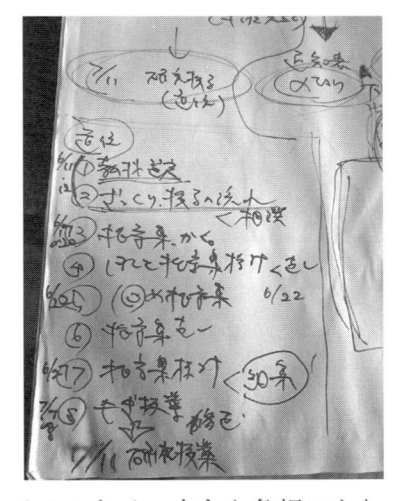

当たり前の話であり，それを丸投げして書かせることは，大きな負担になります。だからこそ，一緒に書く。あるいは聞き書き（授業者のアイデアを聞きながら，実際には指導者が書く）をします。

そうすることで，「書き方が」とか「文章が」とか，授業の本質的な部分以外で時間や労力をとられなくてすみます。

そんなことをやっていると，いつまで経っても書けなくなるという人もいますが，心配しなくてもいくつも指導案を見ていれば，その内やり方がわかって書けるようにはなっていきます。

そうやって，負担感を減らしつつ，それでいてその先生のやりたい授業を一生懸命やっている姿を見せることができれば，授業としては大成功です。

## 09 子どもとの関係づくりを アドバイスする

学級がうまくいくかどうかが決まるための大切な要素は，子どもとの関係づくりです。初任者指導としてどのようにアドバイスすることがよいのかを考えてみます。

## ✎ 初任者にできる３つのアドバイス

　子どもとの関係づくりは，ベテランであれそうそう簡単なものではありません。また年代によって子どもとの距離感は変わっていき，関係づくりの方法もまた変わっていきます。その先生のパーソナリティによって関係のつくり方も異なるでしょう。

　そこで，初任者に伝えたい関係づくりの基礎として３つのことを伝えるようにします。

## ✎ 一緒に遊ぶ

　子ども観察の基本は，まず「そこにいること」。

　授業時間は多くの場合，当たり前のように目の前に子どもたちがそこにいますが，そこに現れるのは勉強している姿だけで，ごくごく限られた部分だけしか見ることができませんし，先生自身も自分の姿のごくごく一部分しか見せることができません。

　では，休み時間はどうでしょうか。子どもたちは実にいろいろな姿を見せ

ます。そして，そこに合わせて先生自身もいろいろな面を見せることができます。その遊びは，外遊びだけに限らず，教室での遊びも含みます。

そういう遊びの中で共に時間を過ごすことは，時間こそ使いますが極めて簡単な「関係づくり」の方法です。

子どもを観察しながら，授業とは別のアプローチで子どもとつながる。

「まずはここから」。それは，子どもと一緒に遊ぶことだと考えます。

## 🖍 子どもの行動の手本となる

子どもたちにあれこれ求めることは悪いことではありません。

ただ，その目の前にいる自分自身が子どもに求めている姿と異なっているとしたら，それはよい関係をつくることにはつながらないでしょう。

子どもたちに求める以上に，自分自身が子どもたちの行動のお手本となるようにする。

そういう積み重ねが「信頼」につながっていきます。

## 🖍 子どものよいところを見つける

子どもたちは，なかなか思うようには動いてくれません。

授業がうまくいかなかったときには，子どもたちの悪い面が目につくことでしょう。それはある意味自然なことなのだと思います。

ただ，そうして子どもたちの悪い面ばかり目につき始めると，当たり前ですが，子どもたちとの関係性も悪くなっていきます。

だからこそ，子どもたちのよい面を見つけることを伝えることは大事です。初任者指導の先生が，子どもたちのよい面を初任者の先生に伝えていくことで，「そういう風に子どもたちを見るんだ」ということがわかる場合もよくあります。

# 10 保護者との関係づくりを
アドバイスする

保護者との関係づくりも初任者にとっては緊張するもの。昔に比べ若い先生だからと大目に見るということが少なくなってきたからこそ，アドバイスは必要です。

## 📝 子どもと仲良くなる

多くの場合，保護者はまずは先生と子どもとの関係性をもとにして，先生のよし悪しを判断します。

逆に言えば，子どもたちと仲良くなればなるほど，保護者との関係性も「勝手に」つくられていくのです。

子どもたちのいいところをたくさん見つけること。そして仲良くなること。それだけで最初の関係づくりができはじめています。

## 📝 参観日や行事は「保護者に向けて」

保護者にとって，学校はブラックボックスです。

子どもたちの話から，針の穴のような小さい穴から学校の様子をうかがい見ることしかできません。そして，それは偏ったごくごく一部の様子であることも多いのです。

学級通信は強力な武器にはなりますが，時間的にも労力的にも初任者に勧めるにはハードルが高いと感じます。

参観日や行事は，学校全体で取り組むため，初任者にとっても比較的にやりやすい「お披露目の場」です。

　保護者からどう見えるかを意識し，相談しながら一緒に考え進めていくようにします。

## 連絡はこまめに，できれば足を運ぶ

　保護者が先生を判断する材料の一つが，学校からの連絡物です。

　丁寧に，はやく，正確に出すようにします。ひな形や自分のつくった連絡物を提示することもよいでしょう。

　家庭への連絡の仕方も大事です。

　時と場合にもよりますが単に事務的なことを連絡するときにも，子どもたちのプラスの面を１つ伝えてから連絡するとよいことを伝えます。

　トラブルが起こったときに連絡することもあるでしょう。

　トラブルはいろいろな意味でチャンスです。

　初任者にいろいろな気づきを与えてくれることも多いし，日頃の様子を詳しく保護者に伝えることもできます。

　しばしば簡単な方法で伝えようとし，結果的に連絡しない方がまだましだったのではというケースを見聞きします。

　連絡帳ですませられる場合でも，可能なら電話連絡を。電話連絡でよい場合でも家庭訪問を。どうしようかと考えたら迷わず家庭訪問を選択する。

　保護者にとって「わざわざ」してくれたと感じてもらう方法を選ぶことで，よりよい結果を得られることが多いことを伝えます。

　ときには，初任者指導担当が一緒に保護者との面談をすることも必要です。

　その場にいることは後のフィードバックやフォローに役立ちます。保護者としても，安心感が増しますし，何よりも保護者には見えづらい初任者の頑張りを伝えることができるからです。

# 01 ♣ アセスメント

 手探りでただただ一生懸命進んできた1学期と比べると，少し日々の仕事の見通しは立ち始めている頃です。ただ，その分課題や困り感を感じていることは多くて……。

## 📝 アセスメントと調整

中期・後期の指導の中心はアセスメントです。

本人への聞き取り，自分で見た学級の様子，専科の先生の学級の印象など，場合によっては保護者との雑談を通して（悪口にならないように要注意）いろいろな角度から初任者の様子や学級の様子を見取ります。

初任者の話と初任者指導担当がパッと見た印象とはズレていることもありますが，専科の先生，ときどき様子を見に来る管理職，そして子どもたちなど，いろいろな人の意見を聞くことで初任者の方が全体像をつかんでいることがわかることもあります。

その一方で，無意識にしていることや，本人が失敗だと感じているけれど価値があることを伝えるのも経験豊富な初任者指導担当の役目です。

アセスメントによってそういう「ずれ」に気づいてもらったり，価値付けをしたりし，その後のことを相談しながら進めていきます。

何事も初期の段階では，学習者の状態はどんどん変化していくため，アセスメントは大きく，小さくこまめに行っていく必要があります。

学期やその人の変化によって求められることは変化してきます。

例えば，運動で考えれば，最初は「力一杯，思いっきり」と伝え，途中から「力を抜く」という真逆のことを教えます。

　正解は状況によって変化します。

　だからこそ，日常的にアセスメントを行うことが必要なのです。

## 困ったことはありませんか

「困ったことはありませんか」

　中期以降になると，最初の頃ほど教えることは少なくなってきますが，定期的に面談は行います。時間がなければ隙間の時間の5分程度でもかまいません。

　その場で初任者指導担当が口にするのは「困ったことはありませんか」です。こちらが考えていることもあるでしょう。言いたいこともあるかもしれません。しかし，よく聞いてみると，それは初任者にとって必要のない内容だったということもあり得ます。同じ事象を目の前にしていても，その人にとっての課題は異なります。

　何よりも，困っているのに困っていると言えない先生は（若手に限らず）多いのです。だからこそ，最初の言葉は「困ったことはありませんか」です。

　異なった視点からのアドバイスも大切ですが，まずは初任者の課題意識を確認します。

　「いや，そうじゃなくて」と言いたい場合もあるかもしれません。しかし，できるだけ途中で口を挟まず，まずはしっかり聞くようにします。

　ただ単に愚痴を言いたいだけで，アドバイスを必要としていないこともあります。そういうときは「ただ聞いておけばいい話？」と聞くとよいでしょう。少なくとも，面談はお説教の時間ではありません。相手と対話しながら，課題や方向性を確認し，方策を見つけていく時間です。

　もしお説教のようなことが必要なら，「ちょっと言いたいことがある」と，最初に厳しい話だとわかるように伝えてから行うようにします。

## 02 「現在地」の確認
## ～そして，必要な情報を提示する～

２学期からかなり行事が多くなってきます。日常の仕事に加えて，あれこれ手を付けないといけないことが多くなります。見通しをもって計画的に進められるようにしましょう。

### 現在地を確認する

　学級の変化や事務仕事，体感的な時間の流れの変化についても触れていきます。

　学級は１年間同じように流れていくわけではありませんし，同じように変化していくわけでもありません。

　発達段階や学校での役割によっても，子どもたちの変化の様子も異なります。

　ここでも２章30ページで示した図を再び使います。

　「今は，この時期辺りで，今の学級の状態ならこう変化していく可能性が高い」

　これから起こる変化について予測しながら説明し，そのために何をすればいいのかを話しておくことで，見通しをもち，初任者が少しだけ安心して仕事を進めていく土台をつくっておくことができます。

　その上で何をしたらよいか，どういうことに注意したらいいかという話をします。

　もちろん，ここでも初任者指導担当の感覚と，初任者の感覚の「ずれ」は

多かれ少なかれあると考えられるので，一方的な話にならないように注意します。

　前項で示したように，丁寧にアセスメントをした上で話をすることが前提となります。

## 🖊 行事の流れと見通しを示す

　学校では毎日同じように「授業だけ」しているわけではありません。

　大小様々な行事がその途中途中に入ってきます。

　そうこうしていると，今何をやっているかわからない，これから何をするのかわからないと感じる先生方が現れるのも無理はありません。

　「嵐の中に身を置いている」とさえ，感じる初任者も出てくる頃です。

　1年が終わるとなんとなく「その学校の流れ」がわかってきて，「ここを乗り切れば」とか，「この少し余裕がある時期に」とか，ある程度強弱を付けながら考えることができますが，初任者の場合はそうはいかないことが多いのです。

　中期以降の指導でも途中途中で，行事だけでなく，予想される子どもや学級の変化について確認し，語っておく必要がありますが，こと行事については，準備が多かれ少なかれ必要なものがあります。

　行事について何に気をつけて，何を準備して，ゴールはどうなるのかということを説明しながら，同時にメモとして残しながら伝えます。

　具体的な日程を考え，いつまで

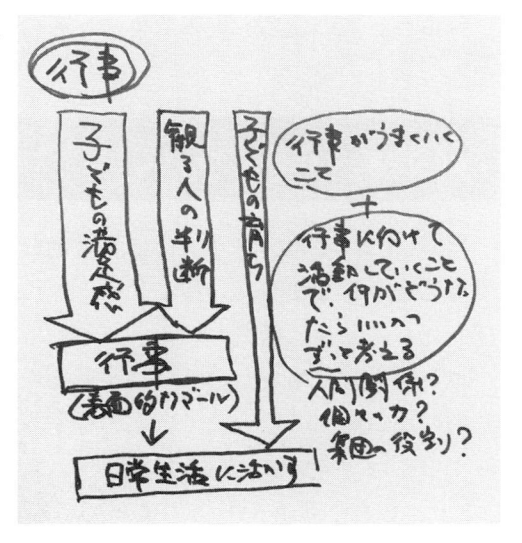

に何をする，どういうものを準備するというように「言われたとおりやれば，なんとかなる」状態にします。

もちろん，段取りよくやっていく初任者もいますから，そういう場合は簡単な確認だけでもよいでしょう。

## 行事の「ゴール」を意識させる

行事を行う上でゴールは非常に大切です。

行事を成功させることだけをゴールと考え，そのゴールに向けて指導すると，行事後に学級が崩れやすくなります。

行事は，行事のプロセスの中でどのように子どもを育てていくかを意識することが大切であり，「この行事で，子どもたちがどんなことができるようになったらよい？」と確認し，「それができている子がいれば，しっかり声をかけましょう」と伝えておきます。

そういうことを意識して行事に取り組むと，その後ぐっと学級全体の伸びを感じることができます。

行事としての成功も大事ですが，その途中で確認していく価値も同じくらい大切なものです。

## 授業や研修について

授業についてのアドバイスは日常的に進んでいっているはずなので，特筆することはありません。授業ノートをつくっているなら，それを見ながら確認したり，一緒に授業をつくったりしていきましょう。

授業見学も行事などバランスを考えながら，続けていきましょう。

力のある先生の場合は，教室の様子も，授業の質も1学期とは大きく変わっているはずです。

「子どもも学級もやり方によってこんなに変化するものなのだ」という光

景を目の当たりにすることは，初任者にとってはとても刺激的なことでしょう。

　必ずしも，たくさん働くことで結果が出るわけではありません。効率的に進められるものは，指導者側で整理したり，統合したりしていきましょう。

　例えば，研究主任と連携しながら，初任者研修と重ねられるものは重ねてもらったり，初任者にとって必要な研修を行ってもらったりするなど，できる工夫はあると思います。

　重ねることで効果が出るよう考えることもできます。

　初任者にとって必要な研修が，実は全教職員にとって必要な研修であることも多くあります。

　「それにかこつけて」というと言葉が悪いですが，初任者の課題が，そのままその学校の先生方の課題と重なっており，初任者のためにという名目で研修を行う，なんていうことも考えられます。

　初任者のための研修におつきあいください。というスタンスで，研修で取り上げてもらうことで，全体にとってプラスになることがあります。

　また，初任者研修で最新の情報を得ていることも多いです。

　初任者指導の先生が，初任者研修で行っている内容にも興味をもち，それを研究主任に伝えることは，実はすべての教員にとって，役に立つ研修となることもあります。

　これは初任者がいることでできる「学校づくり」の一例とも言えるものです。

　初任者がいるから必ずしも大変だというわけではなく，うまくその状況を使えば，楽に，そして効果的にものごとを進めることもできると私は考えています。

## 03 職員との関係性を見直す

案外難しいのは，職員間の調整。「私たちの『初任者』」という意識を強くもつ人たちもいれば，「初任者だからといって」と考えている人もいます。

 **授業や研修について**

　初任者に対する他の職員の感じ方は，人それぞれです。

　多くの「私たちの『初任者』」と捉える人。その一方で初任者だからといって特別扱いしたくない人。全く無関心な人。

　本当に様々です。

　また，「私たちの『初任者』」と捉える人にも２種類いて，「しっかり育ててあげたい」と考える人がいれば，「自分たちの仲間（というか，お友達）が増える」と考える人もいます。

　個人的には，時間が進んでいくにしたがって，初任者や初任者指導担当と他の教員との関係性が実は一番難しくなると感じます。

 **他の教員との関係性**

　他の教員との関係性として考えられるケースについて例を挙げて示していきます。

**❶学級が落ち着いてきて順調なケース**

　表面的には特に初任者指導担当が関わらなくても，うまくいっているように見えているため，他の教員が指導やアドバイスに介入してきます。その結果，それまでうまくいっていた流れを変えたり，断ち切ったりし，結果的に学級もうまくいかなくなり，本人の成長も止まってしまいます。

**❷初任者を自分たちの仲間に引き込み始めるケース**

　仕事云々ではなく，自分たちの仲間に引き込み楽しいことを増やそうとするために，初任者指導担当から遠ざけたり，排除しようとしたりします。

　必要な指導やアドバイスが入りづらくなり，いろいろなことがうまくいかなくなったり，初任者自身が成長を感じづらくなったりすることがあります。

　また，初任者指導の先生から遠ざけられることで，初任者自身が不安を感じてしまうことがあります。

**❸学級が落ち着かず，初任者と初任者指導担当を責めるケース**

　学級が落ち着かなくなることで，他の学級に影響が出たり，自分の仕事が増えたりすることがあります。

　自分たちの若い頃のことを思い出せば，ある程度許容しつつ，自分ができる援助を相談しながらやっていけばよいのですが，ただただ自分の損得だけ考え，攻撃し始めます。

**❹初任者の人となりを否定し始めるケース**

　一部の先生にとってその初任者が好ましくない場合，いろいろな角度から否定し始めます。うまくいかなければ，そこを徹底的に責め始め，同時に初任者指導担当へもその矛先が向かい始めます。

**❺初任者指導担当の方針や指導の仕方が気に入らないケース**

　初任者そのものよりも，その方針や指導が気に入らない，あるいは自分た

ちを否定されているように感じ，初任者を巻き込んでトラブルになることがあります。

### ❻初任者指導担当のイニシアチブを奪うケース

初任者の指導全般は基本的に初任者指導担当が把握し，それをコントロールしていきます。そのために日常的にアセスメントを行っていくのですが，そのアセスメント抜きで初任者指導担当に確認せず，方針を決めたり，実際に初任者を巻き込んで行動に移したりします。

その方針がそれまでしていることに合っていれば，後追いでも確認して「ありがとうございます」と言うことはできますし，もし違っていても「それはこういう流れだから，これまでと同じ方針でお願いします」と話をすることもできます。

よかれと思ってやっているので，その目的が一致すれば問題はないのですが，自分がイニシアチブを取ることが最大の目的になっている場合は，非常に厄介です。


上のようなケースは非常に稀なことだと思います。しかし，もしそういう懸念があるなら，日頃から管理職と相談や確認をしながら，全体の場で情報共有をこまめにしていくことが必要でしょう。今どのような状況で，どのような考え方で，どのように初任者研修を進めているかを可能な範囲で定期的に情報開示をしていきます。

その上で，周囲に協力を求め，頼りにできることがもしあれば，マイナス要素にはある程度目をつぶりつつ，日頃から広くいろいろな先生を頼りにしておくとよいのかもしれません。

# ✏ ハラスメント

　ハラスメントについての聞き取りは定期的に行っておくようにします。

　若い先生の中には，先輩方に遠慮して我慢しすぎる人がいます。

　パワハラや，セクハラの定義を伝えた上で，合理的に判断することを伝えます。

　ハラスメントに該当しづらいことでも，その人の苦しさに関心をもっていることを示していきます。

　そして，もし該当しそうだと考えたら，管理職に伝えておくことが必要です。

　初任者にハラスメント事案を伝えることは，同時に自分自身について振り返ることにもつながりますからぜひ行いましょう。

　また，初任者指導担当本人もハラスメントに対する意識を高めておく必要があります。

　他の教員に比べ，面談や相談も多く，これが不用意なハラスメントになっていないかと，常に自分自身に問いかけておく必要があります。

　ただ，その一方でそこで萎縮してしまい，合理的，客観的に正しいことでさえ，伝えられないとすれば，それはそれで問題があると思います。

　そのバランスを考えながら，指導に当たっていきます。

　なお，当たり前の話ですが，面談は個室で戸を閉じて，というような「密室」で行わないようにしましょう。

　初任者も初任者指導担当も，お互いを守るために必要なことだと思います。

# 04 校務分掌の仕事を教える

校務分掌をこなしていくことは，組織の一員として働くことを自覚的に促していきます。では，どのように向かい合っていくようにすればいいのでしょうか。

## ✏ 前年度を踏襲することを基本として考える

学級の仕事に比べて，校務分掌は「前年度行っていたことを今年度も同じように行う」ことが多いです。

特に初任者に割り当てられているものは，大きな見直しが必要なものであることはまずありません。そもそも学校の中の仕事には，前年度を踏襲した仕事が非常に多いのです。

時間がかかったり，手間がかかったりする分掌に当たるかもしれませんが，それでも基本的には「前年通り」です。文書を出すにしても，前年度と日付を変えるだけということもあります。

そのような分掌を行っていく上で必要なことは，前年度の文書を見ること，前年度の担当に何をすればよいか聞くことです。

文書がどこにあるか，前年度の担当はだれかを一緒に確認しましょう。

## ✏ 校務分掌は一緒にする意識で

学校の分掌の仕事は，小さい学校だと最初から重めの分掌をいくつも当て

られている可能性があります。

　複数の先生で分掌をもっている場合は，もう一人の先生にお願いをすれば
よいのですが，単独でその分掌をもっている場合があります。

　昨年度，一昨年度にその分掌をしていた先生がいれば，その先生にお願い
するとよいでしょう。もしそういう先生がいない場合は，自分が一緒にその
分掌をするつもりで，何をするのかを確認し，計画を立てておき，後は必要
な援助を行います。

　校務分掌で行う仕事は初めて経験するようなことばかりで，全くイメージ
がもてないかもしれません。そういう場合は，基本，初任者指導担当自身が
行い，初任者が手伝うという形で行うのがいいかもしれません。

　大変な分掌をもつことになっていたら，ある程度覚悟してほとんどを自分
がするつもりで考えましょう。

　校務分掌は，その仕事によっては学校全体を停滞させてしまう可能性があ
る仕事です。うまくいかなかったり，そもそも行わなかったりすることを考
えると，少し先回りして考えておいた方がいいのです。

## 行う頻度が多い校務分掌は一緒に計画を確認する

　校務分掌によっては，事務的であるが，頻度が多いものがあります。

　年間を通してなのか，期間限定なのかにもよりますが，計画的に行ってい
く必要があるものがあります。

　初任者はまさしく日々手探り状態なので，年間を通しての見通しやルーティンを最初に確認した方がいい場合があります。

　そのような仕事が得意な人ならばよいのですが，苦手な人の場合は，例え
ば週案や年間計画にあらかじめ書き込んでおいたり，机の上にメモをしてお
いたりするという具体的な方法を伝えておくとよいでしょう。

# 05 サポートとフォローをする

初任者指導担当は，初任者の最大の味方であるべき。
ただ，頭を抱えるようなときもあるでしょう。
そんなときは……。

## 🖊 サポート

　2学期を迎える頃になると初任者の先生も，ある程度学校で仕事をすることに慣れてきていることでしょう。

　ここは任せても大丈夫と感じる場面も増えてきているかもしれません。

　それでも1年間継続して行って欲しいのが，以下のようなサポートです。

---

・定期的な教室見学

・管理職，拠点校指導の先生との情報共有

・リフレクションの提示

---

　定期的な教室見学はうまくいっていないときも，うまくいっているときも継続していきます。

　うまくいっていないときには，より困った状況にならないように必然的に教室を見ざるを得なくなるため，わざわざここに書くまでもないでしょう。

　しかし，うまくいっているとしても安心して全く教室に行かず状況を把握していないというのはいただけません。行ってみると初任者はうまくいって

いると思っているけれど，決してうまくいっているとは言えない状況だったり，あまりよくない指導が続いているけれど，子どもたちのけなげな努力の上に成り立っている状況だったり，表面的にはうまくいっているように見えるけれど，水面下でいろいろなことが動き始めていたりすることも，ままあります。

そう考えると，回数こそ減らしても，やはりある程度定期的に教室の様子を見に行くべきだと思います。

初任者指導は，「初任者が困らないように」だけでなく，「初任者がより伸びていくように」と考えて行うものだからです。

本当にうまくいっているときは，さらに成長してもらうために，前に比べてできるようになったこと，よくなったことを伝えるためにも教室を実際に見ることは意味があります。

例えば週に一度，わずか5分だけでも十分意味があります。気にかけているということが伝わるだけでもいいのです。

先生の中には，自分の教室を見られることを嫌う先生もいますが，閉じてしまった教室をつくることは非常にリスクが高い上，成長しづらくなることが多いように感じます。

「人目をはばかる」教室をつくっていくことを，よしとしてはいけません。初任者がそういう思考に陥っている場合なら，なおさら短時間でも顔をのぞけるようにします。

ただ，見る度に文句ばかり言っていたら，それは嫌がられるのも仕方ないかもしれません。

そういった場合は，自分自身の指導を振り返る必要があります。

いくらいい薬も，適量なら体にいい作用を与えますが，過剰ならば害にしかなりません。いったん「引く」覚悟も必要です。

また，管理職，拠点校指導の先生との情報共有も必須です。

情報共有を日頃からしておくことで，何かあったときのサポートが得られやすくなります。初任者の成長を共有し，いろいろな人から認めてもらうこ

とにもつながります。

そして，私の場合，学期に1回の「振り返り」を渡していました。

たいしたことは書いてありませんが，学級や授業はどうあれ，90％は肯定的なことを書くようにしていました。正直，頑張っていれば学級経営や授業はこのあといくらでも上手になっていきます。よくも悪くも慣れればできることもあります（というか，すべての教師が授業も学級経営もそんなにうまいのか）。

求めすぎは禁物です。

お互いに苦しくなるだけです。

まずは頑張っていればOK。一生懸命やっていればOK。

そういうスタンスで書いていきます。

エピソードを交えてもよいでしょう。

5％は，改善策を具体的に示した上で課題を書きます。

そして残りの5％は，一番大事な「励ます」ことを書きます。

仮に一見頑張っていないように見えたとしても，すべての初任者は頑張っています。

いつもにこにこしている先生が，実は頑張りすぎていることもしばしばあります（人によく気を遣う人は，困ったときにもにこにこしていることが多いのです）。

だからこそ，その頑張りを認め，「よくやっていました」「頑張りが見えました」「子どもたちはあなたのことを信頼しています」と伝えていきます。

もしかしたら，本当はそうではないかもしれません。

しかし，そこにほんの少しの「嘘」が入っていてもいいのです。

自分のための嘘は，後に自分を苦しめることが往々にしてありますが，人のためにつく大人の嘘はときに必要になります。

そして，しばしばそれは「嘘から出た実」になることもあるのです。

「あなたは大丈夫」と一言書くだけでほんの少しの自信を手がかりに，学級も自分も飛躍的に向上していくきっかけになることだってあるのですから。

## 状況によって必要なサポートやフォローは異なる

「1年間をなんとか過ごす経験」「最後に指導要録を書けば合格」

初任者にとってこの経験が一番大事です。

1年目はそれができれば100点なのです。

そのために，初任者を支えるサポートを続けていきながら，失敗したときには適切にフォローをしていくのです。

それぞれの学級や先生の様子に応じてサポートとフォローは異なります。いくつかのパターンとそれに対するサポートとフォローのヒントを提示します。

### ❶順調な学級

ここまで順調に楽しく充実している学級の場合は，まずは現状維持を目指したアドバイスをしましょう。

しかし，初任者に余裕が見えたり，向上心があったりする場合は，少し高い実践やよりよい学級経営につながるような仕掛けが必要となります。

外部の講演会や研修会や書籍の紹介をすることも1つの方法です。

他の学校の若手の教室訪問を促すという方法もあります。個人的につながりがなくても，他の先生に聞いてみると，そういう力のある若手の先生を知っている人はいます。

また，2章ではお勧めしなかった初任者指導担当による師範授業を行うことも，この場合は考えられます。

自分の学級の様子を見てもらうのもいいですが，少し自信をもちすぎて仕事そのものを甘く見ているなと感じれば，初任者の教室を借りての師範授業を行うのも1つの方法です。

嫌われ役を演じる必要があるかもしれませんが，そうして「閉じた世界」から，かなり先の世界を見せることが必要な場合もあるかもしれません。

その場合は，特に何も言う必要はありません。授業の意図を説明し，「感想があれば言ってね」くらいでいいかもしれません。

学校の仕事は甘くはありません。

若い「お兄ちゃん先生」「お姉ちゃん先生」のときはいいけれど，年齢とキャリアを重ねていくことで，うまくいかなくなることは本当にたくさんあります。折れてしまうこともあるかもしれません。

だから今は実力以上にうまくいき過ぎて調子に乗っているように見える若手の先生もどこかで，そんな場面に直面することもあるでしょう。

ただ，その場面は今立っている場所からは見えません。

そこまでの経験が100だとしたら，100うまくいっている（ように見える）のだから，仕方ありません。

ただ，損は間違いなくしますが，可能ならば初任者指導担当としてそういう根拠の薄い自信に，ちょっとだけ「そうでもないよ」と疑問をもたせることができるといいなとは思います。

## ❷順調そうに見えて課題がある学級

大きな問題は確かに起こっていない。ある程度順調そうに見える。とりあえず楽しそうで，大きく困っていない。

その年度はまあなんとかいけそうだけど，その先生も，その学年の子どもたちも来年度ちょっと頑張らざるを得ないかな。

そんなケースもあります。

例えば，

・専科の先生のときには必ず学級が崩れてしまう。

・他の先生が指導に入ったとき，難しさを感じる。

・授業が本質的な内容に迫っておらず，取りこぼされている子が何人もいたり，学力がついていなかったりする。

・先生の周りに集まる子は多いが，明らかに孤立したり，いじめが疑われたりしている子がいる。

・保護者から信頼を失っている。

初任者指導を1年と考えれば，まあ放置しておいてもよいのですが，それでも……と考えると，いくつか手を打つことも考えられます。

このような場合は，自分自身で「うまくいっている」「自分はできている」「力がある」と感じており，課題意識をあまりもっていないため，直接的にだめ出しをすることが難しいことが多いです。

そこでうまくいかないと，その後の指導が入らなくなることも考えられます。

❶で示した方法も使えますが，まず「課題」をはっきりさせることが，優先されるでしょう。

ポイントは次の3つだと考えます。

**1つ目は具体的な状況を確認することです。**

ついつい私たちは，「私はこう考える」「あなたはこうした方がいい」という「私」や「あなた」という主語から始まる話をしてしまいがちです。

そこに強い信頼関係と安心感があれば，ある程度は許容されることがありますが，できれば具体的な事例を伝えたり，指導者が不安に感じていることを質問したりする方が無難でしょう。

これは，初任者指導担当の思い込みや勘違いによる指導を防ぐことにもつながります。「私は」「あなたは」からしか始められない話は客観的に見ると，あまり正しくないかもしれません。

では，具体的な事例とは，どのようなものでしょうか。

例えば保護者からの小さなクレーム。わからないまま放置されている子。子どもたちのトラブル。

「あの保護者からの件，どうなった？」「この間泣いていた○○くんだけど」「業者テストの平均点って，今どれくらい？」「専科の先生に最近叱られていることが増えているようだけど」

自分の感想ではなく，どこかに自分以外の他者を介在させた質問を通した気づきを促していきます。

**2つ目は，その人の課題に近い事例を挙げて考えさせることです。**

「あ，そういえばさ」と全然無関係なところから話を始めます。

1年目はよかったけれど，2年目にろくに授業研究をせずに臨んでしまった結果，少し歯ごたえのあるクラスでは全く通用せず，その後ずっと苦しんでいる先輩の話。

保護者対応をおざなりにしていて，1週間連続で両親がやってきて毎日3時間のクレーム対応をした末に解決しなかった話。

いじめ対応をしなかったために，管理職や教育委員会で指導されただけでなく，匿名だけれどわかるようにネットで拡散された話。

若いお兄さんお姉さん先生だからうまくいっていたのに，その間に授業研究もさほどせず，学級経営の方法も学ばず，ある年齢からひたすら厳しい学級運営をせざるを得なくなった教師の話。

自分のこれまでの経験上，あとあと苦しくなったケースなんかいくらでもあるはずです。

また，ニュースの報道でも自分の身を引き締めないといけないと感じるケースがいくつも転がっています。

年齢的に，そしてキャリアから考えて，せまい教室の，それもすべてが見えているはずもない範囲のことだけで判断し「うまくいっている」と考えてしまうというのも理解できます。

しかし，だからこそ先達として先を見据えつつ，広く捉えた視点からの例示は必要です。

**3つ目は，自分のしていることを例にして考えてもらう方法です。**

例えば，国語の授業を適当に流していると感じたとき，「ちょっと相談に乗ってくれる？」あるいは，「最近，国語の授業楽しくてさ」などの，自分の話を聞かせることによって，考えてもらうことです。

最後に自分の学級の子どもたちの様子を伝えることで，意図と見通しをもって指導すれば子どもたちが変わるということも示します。

ただただ説教じみた話ではなく，最後には，自分が成長することにつなが

っていると感じてもらえるように話をしていきます。

　自己満足は，どこまで言っても自己満足です。

　他者が幸せになることを願って，自分が成長していくことで初めて本当の満足が得られるのではないでしょうか。

　教師は，だれかを幸せにすることで，初めて自分が幸せを感じられる職業です。

### ❸荒れが見えづらい学級

　いろいろな状況の中で，「荒れ」が見えづらい学級があります。

　必ずしも力がないわけではないが，自信がないため，自分がうまくいっていないことをできるだけ隠そうとするケース。

　本来は力もセンスもあるため，表層的にはうまくいっているように「みせることができる」先生のケース。

　目の前の事務的な仕事をスマートにこなしていく先生が多く，ぱっと見「できる」先生に見えることも多々あります。

　ただ，学校がうまくいくということは，いろんなファクターが重なって成り立っているので，それができているからといって安心できません。

　特に後者の先生は，センスがいいため周囲にどう受け止められるかをよく感じ取っており，「心配をかけないように」あるいは「できていないことが悟られないように」と考えていることがあります。

　その内に学級が崩れたり，保護者とのトラブルが起こったりして，いつの間にかギリギリの状態になっているというケースもあります。

　個人的に言うと，「大丈夫」が口癖になっている先生，ずっと笑顔でいる先生は要注意だと思っています（「先生」に限りませんが）。

　だからこそ，最初に書いたように「実際の教室を見に行くこと」は，うまくいっていても，いなくても，そして寄り道程度のわずか1分でもいいので，するべきだと思うし，ときどき「どんな感じ？」と声をかけることも必要だと思います。

また，ここでも30ページで示した1年間の流れをもとに，「もうちょっとこうなったらいいなと感じていることはない？」と尋ねてみるのもよいかもしれません。

　こういうケースでは「困っていることはない？」と，ストレートに聞かれることで，逆に答えづらくなることもあります。

　実は，大きな意味をもつのは指導やサポートではなく，雑談なのかもしれません。

　雑談の中で先輩教師，特に学校の中でもばりばりやっている先生の失敗談は，「学校って必ずしもうまくいく場所ではないんだよ」という強烈なメッセージ性をもちます。

　また，現実的に必ずしもうまくいっていない自分をさらけ出すことも必要です。

　指導者だからと言ってかっこつけている場合ではありません。

　「ああ，今日もちょっとうまくいかなかったー」と開示している姿がそこにあれば，もしかしたら「先生，自分もなんです」と言えるかもしれません。

　もちろん，「そんなこともあったけど，俺は今すごいんだ」なんて言う自慢話なら，それは百害あって一利なしです。「まあ，なんとかなる」みたいな話なら，それはまだ「あり」かもしれませんが，あくまでも，「今も結構大変ー」という話なら，それはもしかしたらその先生を救う雑談になるかもしれません。

### ❹荒れている学級

　当たり前ですが，最初の頃は知識も経験も技術ももっていないために結果的に学級が荒れてしまうケースがあります。

　それについては，最初に教室を何度も覗くことによって，ある程度予測して対応していけば防げる部分もあるのですが，それでもずっと張り付いて指導するわけにはいきませんから，結果的に荒れてしまったということも当たり前のようにあります。

ただやっぱり学校現場は厳しい部分もあり，本来ならばさほど力も技術も経験もなくても，それなりに一生懸命やっていれば運営できる学級を担任することができるというのが理想ですが，必ずしもそういうわけにはいきません。

　初任者といえども，なぜか「ベテランでもかなり厳しい」と感じる学級を担任せざるを得ないこともあります。

　その場合には，１学期から初任者指導担当や周囲の先生でできるサポートはしておく必要があるでしょう。

　あらかじめ支援をつけたり，専科の時間を多めにとってもらったり，初任者指導担当が子どもや保護者に声をかけて関係性をつくり，必要なときに支援に入れるようにしたりするなど，そのときの状況でできることをしておきます。

　そして，さらに落ち着かなくなったなら，管理職と相談してＴＴの体制を組んでもらったり，さらに専科の時間を増やしたりするなどシステムを見直して対応することも必要になってきます。

　そこからさらに本人に頑張らせることを選択肢としてあまり考えないようにします。

　落ち着かない教室にいること。それだけで既に必死で頑張っているのですから。

　しかも経験がない初任者なので，なおさらです。

　あまり無理をしない範囲で本人ができそうな具体的な方策を考えて伝えたり，周囲も含めたシステムをつくったりすることで，改善できるようにしていくことが大切です。

　荒れ始めの頃から，その先生が休職，あるいは離職する可能性について考えておくことで，考え方がずいぶん変わります。

　一人が完全に現場から抜けるよりは，少しずつみんなが頑張り合ってしのぐ方が全体にとってもずいぶん負担が少ないのです。

　そうやって，あれこれみんなで手を貸しあってでも，とりあえず１年が終

われば，それはそれでその人にとっては大切な経験になります。

この項の最初にも書きました。

「1年間をとりあえず過ごす経験」

いろんな人の手を借りながら，ときどき休みながら，うまくいかないと悩みながら，それでも「最後に通知表を書いて，指導要録を書いたら，その1年の『仕事』は終わり」

これは初任者に限りませんが，そこまで割り切り，自分の望むレベルをぐんと下げてでも，終業式にたどり着く。

それでいいんじゃないかと，いろんな教室を見てきて，いろんな先生の苦しそうな姿を見てきてもった切実な思いです。

苦しんでいる初任者にそういう思いは必ず伝えるようにします。

その上で，してみたいことや，できることを1つずつやってみるようにアドバイスします。

あまり欲張らせず。

どうせ，彼らは「大丈夫」だと言いますが，大丈夫ではありません。

だから，「多くの先生が通ってきたことで，恥ずかしいことではないし，決してあなたに力がないからでもない」と言い聞かせ，半ば強引にでも他者の支援が入るようにします。

そもそも全くだれの手も借りずに一人で教室を運営することなんてありません。その人の手が多いか，少ないかだけの違いです。

そうやって，心情的に寄り添いつつ，システムを組み替えることを第一に考えて，その結果生まれた余裕（なんてないでしょうが）で，本人にできそうな具体策を考え，一緒にやっていき，1年を終える。

目標設定のし直しが必要となります。

ただ正直なところ，折れないぎりぎりのところで踏ん張らざるを得なかった初任者時代を過ごしてきた先生の方が，後々伸びていくことも多いと感じます。

また，教室がしんどい状況になったときに，寄り添ったり，一緒に考えた

り，行動を共にするのは，同じようにしんどい教室をいくつも乗り越えてきた力のある先生方が多いのです。

そういう先生にいろいろ教えてもらえる内容そのものも価値があるのですが，乗り越えてきたからこそのその教員としての在り方が，初年度に基準となり，粘り強く工夫したり，子どもとよく関わったり，よく気づいたり，動き続けたりすることを学んでいくのです。これから先歩んでいくために必要な臆病さと謙虚さを同時に携えながら。

そういう教師としての志向性は，最初にしんどい学級を経験したからこそ身に付くものなのかもしれません。

だから，最初の年にうまくいかなかったことは，必ずしもマイナスではありません。

さらに言えば，そういう苦しい思いを乗り越えてきたからこそ，何年か経って先輩になったときに，何人もの後輩の力になってあげられるかもしれないじゃないですか。

# 06 もし初任者が休み始めたら

1年目は多くの先生にとって多かれ少なかれ困難さを感じます。しかし，頑張って，頑張って，その途中で心が折れてしまうことも，もちろん想定されます。

## 🖊 初任者が休む兆しが見えたら

　あまり考えたくありませんが，「そのとき」は既に兆しがあるかもしれませんし，突然かもしれません。明らかに兆しが見え始めている場合は，初任者と管理職の話し合いのもと次の方法を提示します。

---

・校務分掌を他の人にしてもらう。

・専科の時間を増やす。

・授業にＴＴで入ってもらう。

---

　こういった場合，間違いなく本人は責任を感じて非常に申し訳なく思っています。自信も失っています。

　憮然としていても，それは申し訳なさの裏返しであることも多いでしょうし，そこは年長者としてくみ取りましょう。

　ただ，学級がうまくいかなくなるのは，初任者だけに限りません。

　だからこそ，「いざ，私自身がそうなったときに，こうした方がいいという方法を提案しているだけで，君のためだけじゃない」ということを伝えて

おく必要はあります。

　学校の余裕があればですが，少し過剰かなと考えるくらいの提案をしておいた方がいいと思います。

　負担に感じることも多いでしょうが，いざその先生がいなくなることを考えれば，明らかに早めに人を投入しておいた方がよいでしょう。

## 初任者が休み始めたら

　初任者が休み始めたときにまずするべきことは，2つです。

❶授業計画を立てる
❷保護者対応をする

　上に挙げたものは，管理職や教務主任が担当することが多く，必ずしも初任者指導担当の仕事ではありませんが，自分も当事者と考え，対応しましょう。

　授業や課外の担当が決まれば，あとはそれを粛々とこなしていきます。

　初任者指導担当がそもそも担任をもっていない場合は，そのまま担任になる場合もあります。そういう場合は大変ではありますが，他の先生が入るよりも学級の様子や，それまでの経緯を知っているだけ学級を好転させることができる可能性があります。

　復帰の際，担任に復帰できるようならできるだけスムーズに学級が動いているのが理想ではあります（と，書きましたが，それはそれでそんなに簡単なことでもありません）。

　さて，学校は対応も決まり，それなりに動き始めました。

　では，休んでいる本人への対応はどうすればいいのでしょうか。

　まず，そこで，その窓口はだれになるのかを確認します。

　本人にとってより安心して話がしやすいのがだれかを確認するのです。そ

れが初任者指導の先生ではない場合もあります。

　その上で，必要な連絡や報告を可能な範囲でするようにします。

　本人への連絡や確認はできるだけ少なくしますが，本人が望めば定期的に連絡をします。電話よりもメールなどの方が負担が少ないかもしれません。

　連絡する，しないも含めて，周りの気持ちよりもまず本人の気持ちを一番に考えます。

　ここまで書いたことを具体的に時系列に沿って以下に詳しく示します。

## ❶授業計画を立てる

　授業に穴を空けないように，いろいろな先生に協力してもらって授業の配置をします（教務主任の先生が行う場合が多い)。

　授業の配置を早めに決めるのは，子どもたちだけでなく，保護者の安心感につながります。同時に「迷惑をかける」と申し訳なく感じている初任者のためでもあります。

　可能であれば，休んでいる間の仮担任も決めるようにします。

　そうやって「学校」としてのひとまずの対応を終えます。

## ❷保護者対応をする

　その後，保護者への対応を行います。保護者会を開く，文書により連絡するなど，学校によって対応は様々なので，ここでは詳しくは触れません。

　ただ，子どもが悪いわけではないこと，先生も頑張っていたから疲れてしまったこと，学校というところは歯車が狂ってしまうとうまくいかなくなることなどを伝えるようにします。

　復帰したときのことを考えて，できるだけだれも悪者にしないようにします。

　そして，後は粛々とその対応を行い，本人の復帰を待つようにします。

### ❸「もしも」のこと

　もし，万が一離職の意向を聞いたとしたら，とりあえず保留するように伝えます。やめるのはいつでもできるから，と。

　本人の心が落ち込んでいるときに，人生の大きな選択をするべきではありませんし，させるべきではありません。これは重要なセオリーです。

　時間はあること，お医者さんがよくなったと言ってから判断すること，場合によっては保留にしておくこと，初任者の家族に相談すること。

　必要によってはお医者さんと相談することも考えられます。

　そうやって，いくつも先延ばしにする方法はあるのです。

　ただ迷惑をかけているからと考えている場合には，上の❶❷のことを伝えた上で，「いてくれた方がいいけど，長い目で見れば今は先生の状態がよくなることの方が大事だから，まずはしっかり休んでください。学校は組織で動いているんだから，組織で対応しています」と心配させないようにします。

　その上で，教室の様子を聞かれたら，次のように答えるのがいいのではないかと思います。

　「先生がいなくて子どもたちは寂しがっているけど，それなりにみんな頑張っているから。先生がいるときより決してうまくいっているわけじゃないけどね」と。

　そこに嘘が入り込むこともあるでしょう。

　ただ，やっぱり人のためにつく「大人の嘘」は，ときに必要だと思います。

# ♣07 授業に入る

「授業に入る」と一口に言っても，「入り方」にはいろいろあります。ここは，特に指導者にとって気をつけなければならないポイントの1つです

## ✏ 「乗っ取り」

　教室に複数の教師が入り，授業を行うことは珍しくありません。

　ただ，その中で「主指導」と「サポート」という役割分担がきちんとなされていなければ，教室が落ち着かなくなります（※主指導をT1，副指導やサポートをT2と呼ぶこともあるが，ここではティームティーチングだけを指す訳ではないので，主指導とサポートと呼ぶ）。

　そもそも，本来「主指導」が一人で行っているはずの授業に，役割分担もされていない状態で副指導やサポートが入るのは，その人の能力がかなり高くないと成立しづらく非常に難易度が高いのです。

　本当に上手なサポートは，主指導の先生が気づかないくらい「見えていない」ところに，さっと入って短時間で関わり，効果を上げることができます。

　主指導からすると，見えてないところからそっと入ってくれる，あるいは何もしていない（ように見える）けれど，授業がやりやすい状態と感じられます。

　その一方で，主指導にとって「困ったサポート」が現れるケースは厄介であり，このケースはかなり多いと感じます。

ここ数年，初任者だけでなく，若手の先生の教室にベテランや管理職が入ってきて勝手に指導をし始める，所謂「乗っ取り」の話を見聞きするようになりました。

　困ったことに，「乗っ取り」をする先生に自覚があまりないどころか，指摘すると，逆に「いいことをしてやっているのに」と怒りを表すことさえあるのです。

　「勝手に指導する」状態とは，実際に教卓の前に立って授業をするだけでなく，横に立っていても子どもたちに自分に目を向けさせて，学習規律に言及したり，学習内容を教えたりする状態を指します。

　これは厳に慎むべきです。

　担任の権威を失わせ，より学級運営がやりづらくなります。

　また，特性のある子どもにとっては，どっちの話を聞けばいいのかわからなくなり，混乱する原因ともなり，百害あって一利ありません。

　あるとすれば，乗っ取った人の自尊感情を満たすことだけです。

　そもそも自信のない初任者にとって，「授業者を代えられる」ことは，これほどまでにない強烈なだめ出しです。下手をすると，初任者の心を折ってしまいます。

　もし，何か得ることにつながっても，自信を失わせることの方がその先生にとっての成長を妨げるのです。

　そもそも脇から見ている方が，子どもたちの様子は見やすいのです。

　そういう状態から，「いいところだけ」取っていけば，授業はうまくいくに決まっているのです。

　うまくいったとき，子どもたちの心の中はどうなっているか想像してみましょう。担任のＡ先生より，たまに入ってくるＢ先生の方がいいと思うかもしれません。

　子どもたちに，そう思わせるような授業は，だれのためになっているのでしょうか。

　初任者の学級を借りて行う師範授業も，担任との結びつき具合や学級の様

子にもよりますが同様にプラスにならないことがあります。

　自分の支援（と思われるもの）が，実は乗っ取りになっていないか敏感でありたいと思います。

##  タイミングを見て効果的に関わる

　授業を見ていて，こうした方がいいと思うことはもちろんあるでしょう。

　しかし，その場で伝えるのではなく，できるだけ別の機会に伝えるようにしましょう。

　授業が終わってから。

　職員室に戻ってから。

　あるいは教室を出てから。

　指導は指導者のためにあるわけではありません。

　あくまでも，その先生にとって，そして学級の子どもたちにとって，邪魔にならないタイミングというものがあるはずです。

　そのタイミングは，普通，授業の中にはないはずなのです。

　授業中に「これは」と思うほど，全体が崩れている場合があるかもしれません。

　そんな緊急性を感じる場合も，タイミングを見て自分から**初任者の先生のところに行くようにします。**

　そして，短い時間で一言二言，そっと耳打ちするなど，あくまでも主指導中心の授業を崩さないようにします。

　綿密な振り返りは，その後に行った方が，圧倒的に効果的です。

##  継続的か，継続的ではないか

　継続的に教室に入れるか，タイミングがあったときしか入れないかによって関わり方は異なります。

教室が崩れているときは，学校で体制をつくってできるだけたくさん継続的に入っていく方がいい場合もあります。

　○○の時間には必ず初任者指導の先生が入っているというような場合です。そういう場合は，ＴＴを組んで指導したり，この単元は初任者指導の先生が指導したり……ということも考えられます（あまりお勧めはしませんが）。

　ただ，継続的にその教室に入っているなら，責任も半分（以上）負うということも含めて，指導にある程度入っていくことは考えられます。

　その一方で形としては継続的とはいえ，例えば週に１，２回であるなら上記に示したような控えめな支援にとどめる方がいいでしょう。

　その分，授業後の相談や作戦会議が綿密にできるだけで，授業中にアドバイスするタイミングは，ほとんどないはずです。

　たまにしか入らない場合は，よりその意識を強くもつ必要があります。

　どちらにしても授業に入る機会は，そもそもほとんどないということを理解し，それでも入るためにはそのタイミングを慎重に見極めることが大切です。

# 08 合理性と距離感をもつ

初任者との関わりで気をつけないといけないのは，やはりハラスメント事案とならないようにすること。そのポイントは合理性と距離感です。

## ✎ ハラスメント

ハラスメントについては，よくよく注意しておかなければなりません。

自分の人生に深い影を落とすだけでなく，相手の人生にも深い影を落とします。

関係性によって，相手が嫌だと思うかどうかは変わってきますが，迷ったら距離を取るようにします。よかれと思ってしたことが，相手によっては本当に嫌だったということもあるからです。

ただ，相手が嫌だと思ったら何もしないのでは，指導そのものが成立しないでしょう。結果，学級が壊れ，担任が壊れ，学校が落ち着かなくなると考えると，必要な指導はしておく必要があります。

そこで大切にしたいのは，合理性と客観性。

そのためにも，指導の仕方や内容を管理職や相談しやすい先生と共有しておきましょう。

もし，強い指導をする場合は，だれかに同席してもらいましょう。

そうやって，合理性と客観性を担保することで，一方的なハラスメントと捉えられる可能性は低くなっていきます。

同じ指導でも，「例えば，こういうやり方があるよ」「次はこうしてみようか」という方法を具体的に提示することで，ハラスメント事案にはつながりづらくなります。

## ✏️ 心の距離感・物理的な距離感

　初任者との関係づくりが大切ではあるのですが，男女に関わらず距離感は大切です。

　初任者と一体化してしまったり，一方的に親密に感じたりすることで，不必要なところまで踏み込んで指導しないように注意しましょう。

　逆に，客観的に指導しないといけない状態なのに不必要に守ってしまう場合は，不適切な距離感だと思います。

　そのような心の距離感の読み違いによって，「嫌だ」と感じること，結果的に困ることがあることには留意しておきましょう。

　同時に，心の距離感だけでなく，物理的な距離感にも留意が必要です。

　初任者指導担当が物理的にどの距離で関わるか，立つ位置や座る位置などは常に意識しておきます。

　人によってパーソナルスペース（心地よさを感じる距離感）が異なるため，ずいぶん近くに立ったり座ったりする初任者もいます。

　そういうときは，適切な距離感を伝える必要があるでしょう。

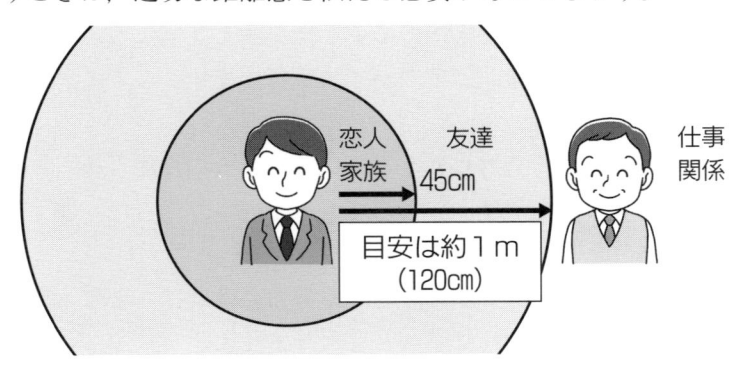

# 09 それぞれの後期の指導

1年間の終わり方は，本当に千差万別です。うまくいった，いかなかった。そう感じている初任者にどのように関わればよいのでしょうか。

## ✏ それぞれの後期の指導

3月。いろいろな状況で初任者は1年を終えます。

### ❶本人がうまくいったと感じている場合の指導

最初の年に，もっているポテンシャルに対して，与えられた仕事が難しいものではなく，かなりうまくいって「しまう」ケースがあります。

いろいろなことが噛み合い，本人はうまくいったと感じています。

翌年以降のことを考え，後に伸びるためにいくつかの課題と，同僚の先生を実例として挙げながら将来へのモデル像を示しましょう。可能なら本人が受け取ることができる範囲でアドバイスも行います。

### ❷多くのことを学び，努力してうまくいった場合の指導

本人が多くのことを学び，努力してうまくいった場合は，まず本人のその学びの姿と努力をしっかりと認めてください。

結果云々よりも，学ぼうとする姿勢や努力の継続は，とても大切なものです。学級が変わろうとそれはずっと変わりません。

それは職員室だけで行われているものではありません。

　本を読んだり，丁寧に計画を立てたり，研修やセミナーなどに参加したりと，学びと努力の場は学校以外でたくさんあり，それを見抜くのは，初任者指導担当の経験と力量によって左右されます。

**❸力及ばず1年間厳しい状態に置かれ続けた場合の指導**

　最後に，力及ばず1年間厳しい状態に置かれ続けた初任者の場合について記しておきます。

　そういう先生の場合は，3学期全体を通しての関わり方について考えます。

　3学期に一緒に残り日数を数えたり，「1年間，教室にいることがどれほど難しいか。本当によく頑張っている」と励ましたり，自分の苦しかったときのことを伝えたり，ただただ寄り添うことが必要です。

　もがいてもがいて終わるかもしれません。ただ前章でも書きましたが，そういう経験が後の宝になることは，非常に多いということは伝えましょう。

　「力及ばず」は，もちろん初任者指導担当の力も及ばなかったと考えます。もちろん，学校の仕事は頑張ったからといって必ずしもうまくいくわけではありません。ただ，初任者のせいだけでうまくいかなかったのではないという姿勢は示しておきたいと思います。そして，だからこそ初任者指導担当にとっても大きな学びがあり，これからの課題が示された価値ある1年だったことは伝えましょう。

## 🖊 指導の前提となるもの

　できるなら，上記のようなアドバイスができる関係性をつくっていきたいものですが，うまくつくれなかった場合も当然あります。

　そういう場合は，「よく頑張ったね。いい1年でした。また来年も頑張ってね」とプラスのことだけ伝えて終わるようにすることをお勧めします。

　わざわざもっと関係を悪くするようなことをする必要はありません。

# 10 徐々に手放す・3年間で考える

初任者指導は1年で終わり。確かにそうなのですが，初任者が最も手厚く見てもらえるのは，初任校だけかもしれないと考えると，少しずつ指導を「手放していく」という意識が必要になります。

## 徐々に手放す・満ちれば離れる

「満ちれば，離れる」

自信がついて，安心して仕事が進められるようになると，少しずつ初任者指導担当から離れていこうとします。それは自然で，喜ばしいことです。

ただ，それはいざとなったら還ることができる「居場所」があればこそです。「よく頑張ってるね」「いい感じだよ」と必要に応じて声をかけつつ，その様子を見守るようにします。

離れるではなく，「離す」という感覚をもっている必要がある場合もありますが，多くの場合，本人が必要を感じなくなり離れていきます。

離れていく時期は初任者によってそれぞれ違います。ただ，いつかその時期が来ることを願いながら，初任者に関わっていきましょう。

## その先生の次のステップを考える

その1年が終わったとき，その先生が来年度，どのようなポジションで活躍できるかを考え，必要に応じて，次年度への展望も交えて自分なりの評価

を伝えます。管理職への報告も同時に行っておきましょう。

どういう状況で終わっているか。その先生にどんな力がついていて，どういうことが苦手か，何が課題かを伝え，「引き継ぎ」を行います。

次年度以降，その先生の指導に当たるのは基本的に管理職です。

そして，それは来年度の校内人事に向けてのヒアリングの意味をもつことも意識しながら，報告を行ってください。

また，初任者には初任校での勤務が終わった後に行く学校のことも伝え，そのために付けてきた力を確認しておきます。

本当に「いろいろな」状況の学校があります。

そういうことも情報として示しておき，ではこれから数年間現任校でどう過ごしていくかを考える「種」を蒔いておきます。

## ✎ 3年間で考える

3月で初任者指導は形としては終わります。

ただ，できればその先生がその学校にいる3年程度は気にかけておきましょう。初任者は，その学校にいる間は初任者として考えられます。

それは，教職員や子どもにとっても，保護者にとっても同じです。

「初任者とはもう思えない」と言われても，安心して人を頼りにでき，忌憚なくいろいろなことを教えてもらえるのは，初任校だけです。

まだいろんな学年を担任しているわけではありません。

その学年によって，やることが大きく変わるのが小学校という場です。その年々で知っておくことや，教えておきたいことは変わります。

そう考えると，初任校にいる間は「初任者指導」が，今度は職員全体で薄く，場合によっては濃く続いていくことになります。

初任者指導の先生がまだその学校にいるのなら，ほんの少しだけ他の先生よりも気にかけておくといいでしょう。

その先のその先生の成長を願って。

5 章

初任者指導担当としての在り方

## 初任者が成長するために 一番大事なこと

4章まで初任者を伸ばすために，初任者に対してどんなこと
をしていくかを示してきました。しかし，一番大切なのは，
初任者指導担当としての在り方だと私は考えています。

### 🖊 初任者が成長するために一番大切なこと

　細かなことまでは覚えていませんが，次のような記事をインターネット上
で読んだことがあります。

　**営業成績が上位になった若手の初任の頃の指導を調べてみたところ，何を
教えたかはそれほど重要ではなく，共通していたのは，営業成績が優秀だっ
た人が初任者の指導に当たっていたということだ。**

　具体的なデータは示されていませんでしたが，確かにと感じるところがあ
りました。

　教えてもらったことよりも，見たことや感じたこと，一緒に経験したこと
の方が影響が大きいと経験上感じます。

　もちろん，学校というところは経験も含めた知識が基盤となりますから，
知識の伝達は意味があることだと考えます。

　ただ，一緒にいる，あるいはその存在を常に意識している初任者指導担当
の仕事の仕方や職業人としての在り方が，いろんな場面で影響を与えるとい
うことは，十分考えられます。

　そう考えると，初任者に何を教えて，どう育てていくかよりも，まず自分

が教師としてどうあろうとするかの方が大切なのではないかと思います。

「できる」教師にはなることができなくても、「できるようになりたい」と目標や願いを持ち続ける教師であること、そのために自分にできる努力をすること。

表面的にかっこをつけるのではなく、結果を残そうと最大限の努力をする姿を見せる。

そんなことを考えて、私は1年過ごしてきました。

## ✎ 自分のクラスをつくる

担任をしながら初任者の指導担当を行っている方もおられるでしょう。

本当に初任者をよりよく成長させたいなら、まず自分のクラスをしっかり軌道に乗せ、そして子どもたちを伸ばしていくようにします。

もちろん、「必ずうまくいく」なんていうことはありません。

だからこそ、「目標を決めて、うまくいかないことがあっても工夫しながら一生懸命頑張っている姿を見せる」なら、きっとだれでもやる気があればできることでしょう。

それは、教科の知識や方法よりも大切な「教師の在り方を知る」ことにつながります。

そうしてその学校の先輩として働く教師だからこそ、適切な助言もできるのだと考えます。

できる自分ではなく、よりよいものを求めて、もがき続ける自分を見てもらいましょう。

例え、言葉は届かなくても、在り方には感化されます。

その感化による変化はすぐに現れなくても、何年か経ってその姿を現すかもしれません。

その上で、子どもの変容を示すことができれば、何も直接教えなくても、それは最高の初任者指導になっているかもしれません。

## 02 指導者の仕事への取り組み方が影響を与える

「こうなりたい」が，実践を推進させる原動力になることは，初任者であれ，ベテランであれ同じです。自分のクラスが変容していく様を見てもらうことの価値は大きいです。

### 自分の学級の変容を見せる

基本的に「初任者指導」は，自分の仕事の中心とはなり得ないことが多いでしょう。

そもそもの自分の仕事は何でしょうか。

教務でしょうか。生徒指導担当でしょうか。専科でしょうか。あるいは，私のように学級担任が仕事の中心でしょうか。

私自身のことを言えば，初任者の指導を担当していた年は，学級担任であり，体育主任であり，研究主任でもありました。

初任者指導の仕事は非常に大事な仕事ではありましたが，間違いなくそれが仕事の大部分を占める中心となる仕事ではありませんでした。

自分の中心である仕事をまずはきちんと行う。それもできるだけ高いクオリティで行う。

そして，自分の学級を変容させる。

多くを語らなくても，その事実が初任者にとって，一つの道しるべとなることを願って。

だから，目の前にある中心となる仕事を一生懸命行っていくのです。

## 1.5学級を担任する

　初任者を見るということは，実質的に自分の学級＋初任者の学級を担任することになります。

　人によって割合は異なりますが，私の場合は，自分の学級を１，初任者の学級を0.5くらいの割合で考え，その年は実質1.5学級を担任している感覚でした。もちろん，担任を差し置いて子どもたちの前に出ることはほとんどありませんでしたが，可能なサポートはしていこうとしていました。

　具体的には次の２つです。

### ❶子どもとつながる

　子どもとつながるといっても，単にその学級の子に声をかける回数を増やすことです。

　そうやって関わることで，見えてくるものがあります。

　プラスのフィードバックを行うこともできるし，その一方でマイナスの要素をタイミングを見て伝えることもあります。

　また，学級がうまくいかなかったとき，その子たちにサポートをそっとお願いするという選択肢が得られることもあるのです。

　ただ見ているだけよりも，ほんの少しでも関わることで得られるヒントは多くなります。

### ❷保護者とつながる

　保護者にも同様に声をかけていきます。

　子どもたちが頑張っていることと同時に初任者が頑張っていることも伝えていきます。

　そうすることで，保護者からの相談を持ちかけられるなどサポートも期待できるのです。

## 03 「できる範囲」はある

ここまである程度の関係性をつくることができた前提で書いてきましたが，必ずしもそうそううまくいくことばかりでもありません。

### ✎「無理」なことも，もちろんある

　初任者指導担当であったとしても，仕事の中心は初任者を指導することでは多くの場合ありません。

　自分の学級を育てることが中心だったり，教科指導が中心だったり，教務として全体を円滑に動かすことが中心だったりするでしょう。

　まず，その自分の中心となる仕事を大切にすることが，大前提です。

　だからこそ，自分の「できる範囲で」ということは意識しておきます。

　これは単なる仕事量の話だけではなく，初任者の先生が自分の思い描いていた道筋に沿って経験を積み重ねていかない場合のことも含めてのことです。

　いくら一生懸命やっても「何も入らない」「反発しかされない」という状態になることがあるかもしれません。

　そういう場合も，やっぱり「できる範囲で」なのだと思います。

　距離を置いてできることを淡々とする。必要な情報だけ提示する。しないといけないことだけをする。

　それでよしとせざるを得ない場合もあるでしょう。

　初任者の先生にもそこまでの歴史があり，考えがあり，その先生の人生を

生きる権利があります。

　そして，あなたにもあなたの教師としての人生を生きる権利があります。

　二人の意が沿わないこともももちろんあるのです。

　そして，最終的には「自己責任」なのです。

　頑張って，頑張って，自分の意識を変えて，工夫して，できるだけのことをする。

　それでも，自分の本分は忘れず，できる範囲を決めてその中で頑張る。そして，その方が適切な距離感を保ち，よい結果をもたらすこともあります。

## ✏ それでも意識したいこと

　お互いに感情を伴ったやりとりがしんどさを感じさせることがあります。

　そういうときは，「情報を置いておく」ことと，「評価をしない」ということの2つを意識しましょう。

　例えば，話はしづらくても書かれたものなら後からでも読みやすいかもしれません。

　その人にとって「役に立つ情報を置いておく」ということは意識しておきましょう。

　評価されることがお互いにストレスになることもあります。

　うまくいかない場合の結果は，必ずしも初任者指導担当が伝えなくても，子どもが教えてくれたり，他の先生が伝えてくれたりする場合があります。

　だから，もし評価に関わるメモを渡すとしたら，それはプラスの評価だけでいいのだと思います。

　他にもいい方法があるかもしれませんが，つかず離れず，感情を伴わない方法を模索してみてください。

## 04 初任者指導担当の立ち位置と管理職との情報共有

初任者指導担当は，そもそも初任者にとってどんな存在であればいいのか。指導という言葉に惑わされると，こんなはずではなかったということに……。

### 🖍 初任者指導担当は基本的には初任者の横にいる

初任者は初任者指導担当の所有物ではありません。

「物」というと，いささか物騒ですが，時に「抱え込んで」しまい，迷走している場面を見ることがあるからです。

時には

がんばるぞ

◎これが基本

《伴走する》

時には

がんばれー

初任者と初任者指導担当の立ち位置は，基本的には横並びです。

　上手に初任者が育っていくその横には，対話的で共感的な初任者指導の先生がいることは少なくありません。

　さほど，あれこれ教えているようには見えないけれど，対話を通してそのときに必要なことを選択的に提示したり，できる作業は一緒にしたりしていることが多いです。

　もちろん，最終的に一番大きな責任を負うのは初任者指導担当ではあるのですが，だからと言って決して「抱え込んで」いる訳ではありません。

　そう考えると，やはり初任者は学校全体で育てていくものだと考える方がいいでしょう。

　それならば，やはり管理職の先生方への共有は大きな意味をもちます。

　「どういう方針でやっているか」「現状どうしているか」「どういう計画で行っているか」など，管理職の先生方が不安に感じないように，ことあるごとに説明し，指導の方向性や全体像を共有しておくことは，必須です。

　そうすることによって，まれに見られる場当たり的な指導で若い先生が困るということはずいぶん少なくなるでしょう。

　「初任者指導担当」がきちんと見ていると感じれば，管理職の先生もおいそれと軽はずみなことはできなくなります。

　何よりも，しょっちゅう相談や情報共有をしようとしている（頼りにしている，尊重している）初任者指導担当を管理職もまた，尊重しようとしてくれることが多いのです。

　時間や労力はほんの少し多くなりますが，したこと以上のことが返ってくることは多いと思います。

## 05 距離感を考える

初任者指導担当と初任者は一体ではありません。初任者と必要な距離感をもつことで見えること，わかることはあります。本項ではその距離感について考えていきます。

### 初任者と一体化していないか

　しばしば聞くことがあるのが，初任者指導担当が，よく頑張っている若い先生と一体化し，悪いところに無意識に目をつぶってしまっているケース。

　初任者指導担当が，「自分はいいと思う」だけで判断してしまうことで，他の先生や教育委員会，地域の方，保護者，そして何よりも子どもたちと意識がずれてしまうことがあります。

　教師は自己満足でやっていける職業ではありません。

　子どもに，そしてその後ろにいる保護者に，地域の方々に，職員集団に，そして教育委員会の方々に，どのように見えているかをどこかしら意識していないと，それなりに軋轢を生んでいく仕事です。

　もちろんそれもわかった上で，「それでいい」と判断して，伝えることが重要な場面もありますが，それはあくまでも周囲の評価を理解した上でのことです。

　私たちの仕事は，目の前の子どもたちのために仕事をすることが基本ではあるのですが，「子どもたち」しか見えず，失敗してしまう先生や，子どもよりも，その後ろや周囲にいる人たちにばかり目が向いてしまって日常があ

まりうまくいかなくなっている先生がいたりする現状を見ると，「いろんな人を相手に自分の仕事を見せていく」ということの大切さを年々感じています。

　もちろん初任者ですから，指導している先生と同じ視座から見えるなんてことはあり得ませんが，それでもなお「いろんな人の視点」があることを知識としてだけでも伝えておくことが必要だと思います。

　ちなみに，私自身，初任者指導以外のときにも積極的に初任者に関わるようにしています。もちろん指導担当の方針を理解して，できるだけ邪魔にならない範囲で，です。初任者は「学校で育てるべき」だと考えているからです。

　できるだけ初任者指導担当の意に沿うように，そして初任者の味方であろうとはしているのですが，だんだんとその指導に客観性が失われていくという状況に遭遇するときがあります。

　そういう場合は，それなりに伝え方は考えながら，クレームをつけるという役割を取ることがしばしばあります。

　もちろんクレームをつけることが目的ではなく，その先生にこれから先に出合ういろいろな視座からの意見を伝えることが目的です。

　初任者が2校目，3校目で周囲の先生から意見を伝えられる機会は，かなり少なくなります。裸の王様になってしまっていたり，必要なアドバイスを受け入れられなかったりするのは，仕方ないとも思います。

　だからこそ，初任校の同僚の責任は結構大きいと思うのです。

　ちなみに，私がいくつかつけたクレームはそのほとんどが，受け止められることなく，逆に言った分だけ損をした感じになりました（笑）

　基本的にそのようなクレームは損しかしない，というのが実感です。

　ただ，後々本人たちが次の勤務校に行ったときの話から，やっぱりあそこでせめて自分だけでもそういうことは伝えておいてよかったのだろうと感じることは多いのです。

## 06 ♣ すべてを教える

初任者は平気な顔をしていても，実は困っているということも多いのです。自分たちが初任者だった頃のことを思い出すと，「すべてを教える」という意識でちょうどよいのかも……。

### 🖊 初任者はもしかしたら，何も知らないかもしれないと考える

企業では，それぞれの部署に配置され，実際の仕事に就く前に「研修の期間」が設けられることがあります。

しかし，教員には現状そのような「場」はありません。

その一方で，10年，20年前に比べて「学校の仕事」は複雑化し，そして多様化しています。「聞きたい」こと，「確認したい」ことが，今の学校現場には溢れています。

その一方で，昔に比べて地域も保護者も若い先生に対して「できて当たり前」という意識が強くなってきているように思います。言い換えれば，保護者に若い先生を待つ余裕がなくなってきました。

そして，私たち先輩教師も年を重ねるごとに（過去の自分を忘れ），「できて当たり前」「知っていて当たり前」だと考えてしまいます。

もちろん，若い先生が知っていることはいくつもありますが，教師という仕事の中で「知らない」ことなんか山ほどあるに決まっています。

もしかしたら何も知らないかも，と考えるくらいでちょうどよいのではないかと思います。

繰り返しになりますが，学校で社会人として仕事をする上で「知らなければならないこと」「知っておきたいこと」が，本当に膨大にあります。しかし，その一つ一つを計画的に教えていく「場」は，学校にはありません。

　電話の取り方，かけ方，保護者への連絡の仕方，外部の人との連絡の取り方，挨拶の仕方，言葉遣い，他の先生との関わり方，報告の仕方，文書の書き方，職員室での過ごし方などなど挙げればきりがありません。

　だからこそ，「できない」のではなく「知らない」，いや「知らないのが当たり前」だと考え，年度当初から気軽に声をかけていくようにしていく必要があります。

## 聞けないというメンタリティ

「それなら見て覚えればいい」「聞けばいいじゃないか」

　そんな言葉も聞こえてきそうです。

　ただ，若い頃，人にものを尋ねることに抵抗感や恥ずかしさがありませんでしたか。私自身，人に「わからない」「教えてください」と言うことがとても難しい人間でした。

　今の若い人も，昔の若い人も，きっと同じなのです。

　だからこそ，「僕もいっぱい知らないことがあった」「僕，わからないことがあるからしょっちゅういろんな人に聞いているよ」

　そんな言葉を口にし，人に頼るというモデルになることが大切です。

　言葉にしなくても，心の中にそういう言葉をもって，「困ってない？」「いけそう？」と声をかける癖をつけます。

　細かいことですが，「大丈夫？」「できる？」という言葉は関係性とニュアンスによって，逆に心を閉じさせてしまう可能性があります。

　職員室の入り口である「初任者指導担当」が，初任者に対して開いた存在であるかどうかが，一番の肝だと思います。

　本書で示したことは，通常の学級経営や校務分掌の遂行に加えて行うことばかりです。単に学級のことだけ考えても，自分のことを振り返っても，費やす時間はともかく意識としては自分と初任者の学級を合わせて1.5学級を担任したという感覚があります。もちろん，業務量は決して少ないとは言えません。

　ただ，目の前の子どもたちを育てることと同じくらい，私が残りの教師人生で出会う子どもたちの何倍もの子どもたちを，その先生が幸せにするかもしれないと考えれば，時間と労力はかける意味があると思うのです。

　私自身，初任者指導を通じて本当に様々な困難さを経験しました。しかし幸いなことに，向上心のある若い先生の成長の一部分だけでも関われたこと，その後の予想を超える成長した姿を見られたことは大きな喜びでした。

　ふと，この本を書きながら，かつて自分が「初任者」であった頃のことを思い出しました。

　ずいぶん生意気で，プライドも高く（これは今から思えば，自信の無さや不安感から来るものであったと），中途半端に講師経験もあった私は，そのときの初任者指導担当の先生にとって非常にやりづらい初任者でした。

　当たり前のように知識も技術もなく，センスのかけらもありませんでした。自分なりに必死でやっていたつもりではありましたが，今の私から見ると本当に若さと勢いだけで仕事をしていて，何もわかっていない状態でした。

　しかし，私の指導担当の先生は自分自身もかなり多くの仕事を抱えているにも関わらず，そんな私にも丁寧に接し，計画を立て，一緒にやり，何よりも背中で「教師としての在り方」を教えてくださっていたことを今更ながらに感じています。

　私自身，あの頃の先生のような初任者指導ができていたかと問われると答

えに窮してしまいます。

　あれからずいぶん長い時間が過ぎました。

　私自身，いろいろな経験を経て，それなりに教師として今も生きています。

　うまくいったこと，うまくいかなかったこと，楽しかったこと，苦しかったこと，いろんな時間を過ごして今もなお子どもたちの前に立っています。あの頃教えていただいたことが種となり，それなりに学級もつくり，校務分掌もこなし，ある程度納得がいく仕事ができるようにもなってきました。

　あんなどうしようもない若造でも，それでもこの程度の教師になれるのだから，皆さんの今目の前にいる若い先生方に対する指導も例えそのときには結果につながらなくても，美しく大きく咲く花の種を蒔いています。

　もちろん，初任者指導担当の先生がすべてだとは言いません。教師の成長は，その先生自身のパーソナリティや，子どもや保護者も含めた様々な出会いやそのときの初任者の選択にも左右されます。

　ある意味，運と自己責任の世界だとも思います。

　私が担当した先生のように信じて頑張ってくれる先生なら，たくさんの「種」を受け取ることができます。ただ，そう見えない先生もきっと何らかの「種」は受け取っていることも知っておいていただきたいと思います。

　そして，その人は，その人なりの方向で，その人なりのスピードで少しずつ成長していくのでしょう。

　子どもに対する指導も同じですが，だれがどのように指導したかを「覚えていないことが最良」です。だからこそ，あなたが蒔くことができる「種」を蒔いていっていただければと思います。


　私の初任者指導をしてくださった川渕祥一先生にあらためて敬意を表しながら，筆を置きたいと思います。

感謝を込めて　南　惠介

【著者紹介】

南　惠介（みなみ　けいすけ）

1968年岡山県生まれ。岡山県公立小学校教諭。
中学校，小学校講師での勤務を経て，小学校教諭となる。人権教育，特別支援教育・インクルーシブ教育をベースとした学級経営に取り組んでいる。子どもたち一人一人を伸ばすための，多様な学びのあり方について研究を進めつつ，試行錯誤しながら実践を進めている。著書に『「ほめる」ポイント「叱る」ルール　あるがままを「認める」心得』（明治図書）『国語科授業のトリセツ』（フォーラムＡ企画），共著に『学級を最高のチームにする！365日の集団づくり　5年』（明治図書）『間違いだらけのインクルーシブ教育』（黎明書房）等がある。

初任者指導担当の実務マニュアル
ミナミ先生の仕事術

2025年4月初版第1刷刊　Ⓒ著　者　南　　　　惠　　介
　　　　　　　　　　　発行者　藤　原　光　政
　　　　　　　　　　　発行所　明治図書出版株式会社
　　　　　　　　　　　　　　　http://www.meijitosho.co.jp
　　　　　　　　　　　（企画）茅野　現（校正）中野真実
　　　　　　　　〒114-0023　東京都北区滝野川7-46-1
　　　　　　　　振替00160-5-151318　電話03(5907)6702
　　　　　　　　　　　　　ご注文窓口　電話03(5907)6668

＊検印省略　　　　　　組版所　広　研　印　刷　株　式　会　社

本書の無断コピーは，著作権・出版権にふれます。ご注意ください。

Printed in Japan　　　　　　　ISBN978-4-18-145024-3
もれなくクーポンがもらえる！読者アンケートはこちらから

子どもの心をつかむ！指導技術

# 「ほめる」ポイント
# 「叱る」ルール
# あるがままを「認める」心得

南　惠介 著

子どものよい行動はほめ、間違いは叱る。そうして教師は子どもを正しく導くものだが、そのベースには、子どもをありのままに「認める」信頼関係づくりが必要になる。クラスの子どもと上手に関わり、正しくよい子、よいクラスづくりを行うための指導技術をまとめた。

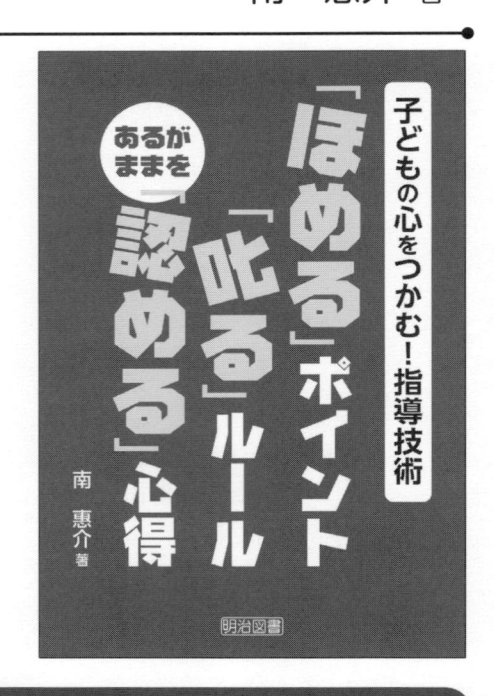

四六判 / 176ページ / 1,870円（10％税込）/ 図書番号 2417